정치의 배신

정치의 배신

윤희숙 지음

쌤앤
파커스

차
례

Part 1 이런 게 민주주의라고!?

Part 2 품격 있는 나라의 국민이고 싶다

Part 3 죽어가는 옛것을 몰아낼 새것을 이야기하자

그 너머로 건너가기 위해
우리가 이야기해야 할 것들

학자가 정치를 왜 시작했느냐는 질문을 자주 받습니다. 2020년 초에는 "경제정책을 제대로 세우기 위해서"라 대답했습니다. 도대체 알고 저러는 건지, 다른 의도가 있는 건지 이해할 수 없는 정책으로 경제가 내려앉는 것을 보기 괴로웠던 것이 제 정치 입문의 동기입니다. 그리고 그 바탕에는 좋은 정책을 설계하면 세상이 좋아질 수밖에 없다는 믿음이 있었습니다.

그런데 여의도에서 1년을 지내보니 그때의 제가 얼마나 순진하고 무지했는지 잘 알겠더군요. 우리나라 경제가 무너지는 것은 정책의 문제가 아니라 정치의 문제였습니다. 정치가 지금처럼 비합리적인 한 아무리 좋은 정책을 공무원과 전문가들이 고안해내도 정치과정을 뚫어낼 수 없습니다. 권력의 정점에 있는 청와대가 생각하는 정치가 무엇인지에 따라 나라는 한 걸음도 앞으로 나아가지 못하는 구조이기 때문입니다.

상황이 이렇다 보니 지난 1년간 저는 정치 공부를 파고들 수밖에 없었습니다. 정책전문가로서 정치에 입문한 제가 '정치가 안 바뀌면 정책도 의미 없다'는 깨달음을 얻은 것은 씁쓸한 아이러니입니다.

많은 분이 "아무라도 이 정권을 바꾸기만 하면 좋겠다."고 말씀하십니다. 정치 성골로 자리 잡은 학생운동 세력의 정치행태에 너무나 실망했기 때문입니다. 이들은 '민주화 세력'이라는 경력을 내세워 지금의 자리를 꿰찼지만, 권력을 잡은 후부터는 국민을 편 갈라놓고, 서로 반목하고 증오하게끔 조종했습니다. 자신의 지지층만을 호명하고 보답하는 포퓰리즘 정치의 전형입니다. 그러면서 한편으론 자신들을 권력에서 몰아내기 어렵게 만들기 위해 민주주의 제도를 무너뜨리는 데 거리낌이 없습니다. 각종 혐의에 연루된 피고인들이 지금 청와대와 국회에서 사법제도와 검찰, 심지어는 의회정치를 무력화시키는 데 힘을 쏟고 있습니다.

　그런데 많은 분들이 염원하듯이 정권만 바뀌면 정말 품격과 비전을 갖춘 정치를 볼 수 있을까요? 저는 이 부분에 대해서는 회의적입니다. 이렇게 국민의 선함과 합리성을 끌어내리는 정치가 나타난 것은 나름의 이유와 구조가 있다고 생각하기 때문입니다. 오로지 집권세력의 자질이 형편없기 때문만은 아닐 것입니다.

　냉정하게 얘기하자면, 문재인 정부는 아직 많은 국민의 지지를 받고 있으며, 국민 다수에게 실망스러운 그들의 행태조차 지지층의 더 열성적인 지지를 끌어내는 마중물 역할을 하고 있습니다. 이런 행태가 정치적 이득을 가져오는 구조 속에선 정권이 바뀌더라도 지금과 같은 갈등이 계속될 것입니다. 이게 현실입니다.

　옛것이 죽어가는데 새것이 태어나지 못하는 상황을 위기라 부른 사상가가 있었습니다. 지금 옛것이 죽어가고 있는 것은 확실합니다. 그런데 새것은 보이지 않습니다. 서로 간의 갈등과 증오, 제도의 파괴처럼 위기의 징후들이 만연한데도 불구하고, 왜 새것에 대해 이야기하는 목소리는 들리지 않을까요? 이 책은 지금의 저열한 정치 너머로 어떻게 건너갈지를 같이 찾아보자고 독자들에게 권하는 책입니다. 생각보다 멀지 않은 곳에 '그 너머'가 존재할 수 있지만, '그 너머'로 건너가기 위해서는 많은 것이 변해야 하니까요.

그 첫걸음은 분명 지금의 문제를 정확히 인식하는 것입니다. 새로운 시대를 열기 위한 시작은 언제나 기존의 현실에 대한 날카로운 인식입니다. 그리고 그 인식은 거저 얻어지는 것이 아니라 맹렬한 생각의 싸움을 거치면서 획득됩니다. 제가 이 책에서 문재인 정부를 비판하는 것은 그 싸움에서 이겨 우리가 함께 새로운 시대로 건너가기 위함입니다. 옛것이 죽어 없어진 자리를 채울 새것을 만들어야 합니다. 우리 스스로 만들어내지 않으면 그 공백이 저절로 채워지지 않습니다. 기껏해야 옛것으로 회귀할 뿐이죠.

제가 이 책에서 하고 싶었던 것은, 문재인 정부의 잘못을 지적하는 것이 아닙니다. 그보다 중요한 것은, 우리 자신을 돌아볼 시점이 왔다는 것입니다. 우리를 아득하게 만들곤 하는 이 정부가 갑자기 땅에서 솟은 존재는 아닙니다. 단순히 선거를 통해 우리 국민이 그들에게 권력을 쥐게 해주었다는 뜻이 아닙니다. 그들이 출현하고 득세할 수 있었던 조건들이 오랜 시간에 걸쳐 우리 안에 형성됐고 지금도 존재한다는 뜻입니다. 이번 정부에서 나타난 많은 문제는 정도의 차이가 있을지언정 이전 보수 정부에서도 수면 밑에 항상 존재해왔던 것들입니다.

정치인으로서 1년을 보내면서 제가 꿰뚫어 보게 된 '큰 거짓말'은 새로운 정치를 가져오겠다는 정치인들의 약속입니다. 개혁적

인물을 자처하는 많은 정치인이 "저는 다른 정치인과 다르니 믿어주시기만 하면 알아서 정치를 발전시키겠습니다. 국민들께서는 그냥 가만히 계시기만 하면 됩니다. 제가 상대방을 무찌르고 새로운 정치를 가져다드리겠습니다." 하고 말합니다.

과연 그럴까요? 지난 4년간 명확해진 것은 '민주주의의 주체로서 우리 모두가 얼마나 허약한가?'입니다. 민주주의에 대한 탄탄한 이해와 내면화된 신념을 가진 분이 우리 중에 얼마나 될까요. 저부터도 민주주의가 무엇인지 지금에야 비로소 알아가고 있습니다. 가령, 얼마 전 여당 대표가 문 대통령의 검찰총장 인사가 '은혜'였다고 하는 말을 듣고 뭔가 마음이 찜찜했습니다. 다음 날 아침이 돼서야 그 찜찜함의 정체가 뭔지 불현듯 떠올랐습니다. '대통령이 은혜로 공직자 인사를 하는 게 무슨 민주주의냐'였습니다. 저와 마찬가지로 많은 분이 '뭔가 이상한데?' 했다가 나중에야 그 말이 얼마나 어처구니없는지를 깨달았다고 했습니다.

그러니 우리 정치가 얼마나 미성숙합니까? 이것은 국민 개개인이 정치의 주체이자 감시자로서 아직 똑바로 서지 못했음을 표현하는 것이기도 합니다. 어차피 정치의 과정이란 정치인이 국민의 눈치를 끊임없이 보면서 국민이 원하는 바를 실행하거나, 크게 노하지 않을 만한 못된 짓을 슬며시 끼워 넣는 것이기 때문입니다.

나쁜 짓을 해도 지지층의 더 큰 지지와 정치적 이득으로 돌아올 수 있는 구조를 바꾸지 않으면 정치가 변할 리 없습니다.

결국 정치를 변화시키는 것은 정치인이 아니라 국민인 우리 자신인 셈입니다. 우리는 아이들에게 따라 배우라고 할 수 없는 정치인들을 뽑아놓고서는 그들의 행태를 용인했던 게 아닐까요? 앞으로는 국민이 정치의 주체로서 훨씬 더 날카로운 시각과 기세를 갖추고, 정치인들이 국민을 두려워하게 만들어야 합니다. 정치인이 후진 짓을 하면 국민은 그 정치인의 미래를 힘들게 만들 수도 있어야 합니다.

지금처럼 생각이 다른 국민들이 서로 네 편 내 편 갈라져서 싸울 때 가장 큰 이익을 보는 사람은 누구일까요? 그것을 이용해 권력을 누리려는 세력밖에 없습니다. 우리 정치에 결핍된 것 중 가장 중요한 것을 한 가지만 꼽으라고 한다면, 저는 '상대방을 인정하는 마음'을 꼽겠습니다. 전문용어로 '다원성'이고 이는 자유민주주의의 기본입니다. 내 생각과 반대인 타인도 나 자신만큼 소중하게 여기고 존중해야 한다는 뜻입니다.

저는 이것이 우리가 내면화해야 할 민주주의의 본질이라고 생각합니다. 모든 국민이 소중하다면, 당연히 이해관계가 서로 대립하기 일쑤인 국민의 대표들 역시 서로를 인정하고 타협하는 것을 당연하게 생각할 것입니다. 그러니 상대방을 적폐로 몰고, 궤멸을 외치는 정치세력은 민주주의를 부정하는 세력으로서 공적인 영역에서 즉각 추방당했어야 마땅합니다. 그러나 우리 스스로 그것이 얼마나 심각하게 민주주의를 파괴하는 저열한 행동인지를 뚜렷이 인지하지 못했기 때문에 그들은 우리 국민을 두려워하지 않았고, 그 결과 지금 온 나라가 패싸움에 휘말려 있습니다.

아무리 어려운 순간이라도 가장 먼저 떠올려야 할 것은 '자, 이제 무엇을 해야 하는가'입니다. 우리가 그동안 충분히 체화하지 못한 민주주의가 지금 빈사상태에 빠졌다는 진단에 낙담할 이유가 없습니다. 진단은 냉정할수록 좋고, 그에 따라 가슴을 뛰게 하는 '새것'을 꿈꾸는 것이 중요할 뿐입니다. 우리 안의 무엇이 약한지, 무엇을 고쳐나가야 할지를 함께 생각해보고 이야기하는 것이 곧 희망의 정치를 시작하는 길입니다.

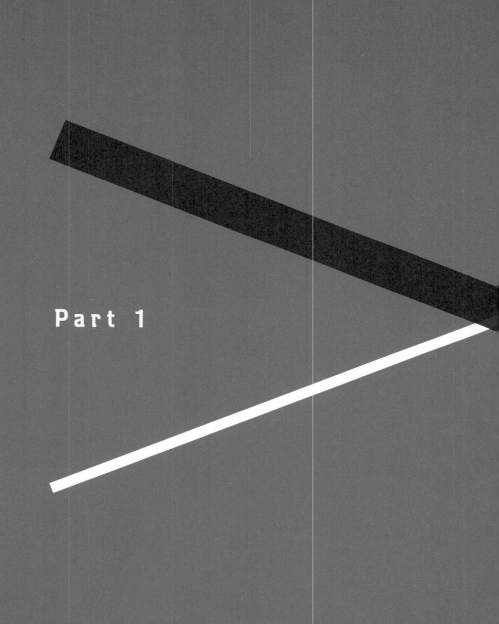

Part 1

이런 게 민주주의라고!?

1

나를 안 찍는 국민은 필요 없다?

**서초동과 광화문 사이,
그 멀고 먼**

한국전쟁 이후로 이렇게 나라가 갈라진 적이 있었나 싶습니다. 살면서 우리 국민이 이렇게 서로를 경원시하는 것을 보게 될 것이라고는 한 번도 생각하지 못했습니다. 문재인 정권은 과거 어느 정권보다 큰 혐오와 열정적 사랑을 동시에 받는 정치세력입니다. 그것 자체가 문제일 것은 없습니다. 그러나 정권을 혐오하는 국민과 사랑하는 국민의 관계가 두산베어스 팬과 엘지트윈스 팬의 관계와 너무 다르다는 것은 낯설고 걱정스러운 문제입니다. 예전엔 동창회에서 정치 얘기로 친구와 다투고 헤어지더라도 다음에 만날 땐 반갑게 웃었습니다. 지금은 의견이 부딪칠 만한 친구가 눈에 띄면 아예 입을 다물어 버리거나 서로 멀리 떨어져 앉아 사이가 벌어지기까지 합니다.

4년 전 촛불을 들었던 많은 분들이 지금은 정권교체를 간절히 원합니다. 부동산이나 일자리처럼 실제적인 정책실패에 대한 실망도 크지만, 틈만 나면 국민을 편 갈라 정치적으로 이용하는 정권에 환멸을 느꼈기 때문입니다. 정책실패를 비판하는 것이 당장 먹고 사는 문제에 대한 무능을 질타하는 것이라면, '편 가르기 정치'를 비판하는 목소리는 옳고 그름에 대한 우리 마음 속 감각이 소리치는 것입니다.

그것은 국가의 정신적 퇴행에 대한 울분이기도 합니다. 전쟁과 산업화, 민주화, 2차례의 경제위기 등 굴곡진 역사를 함께 해온 국민의 마음 깊은 곳에는 공동체 의식이라 부를 수 있는 연대감이 쌓여 있습니다. 같은 세월을 살아온 한국인끼리 서로에 대해 느끼는 애정과 연민에 가까운 것입니다. 때문에 지금 국민들이 서로를 적폐네, 깨문이네 하며 조롱하게 된 것이 안타깝고 그런 상황을 조장한 권력에 환멸을 느끼는 것입니다.

2019년 10월 수십만의 국민들이 '조국 수호'나 '조국 사퇴'를 외치며 연일 서초동과 광화문으로 갈라졌습니다. 그런데 문재인 대통령은 뜬딴지같이 '하나로 모아진 국민의 뜻은 검찰개혁이 시급하고 절실하다는 것'이라며, 조국 수호 집회만을 '국민의 목소리'라 떠받들었습니다. 조국 사퇴 집회에 참석한 국민의 목소리는 깡그리 무시된 것이지요. 의견의 대립이 있다면 그 다름을 인지하고 화해시킬 방안을 모색하는 것이 제대로 된 리더십입니다. 그런데 한쪽만이 의미 있다고 공언하는 것은 '내 눈에는 이것밖에 안 보여. 저건 내게 아무 의미 없으니까'라 말하는 것과 마찬가지입니다.

이 메시지는 분명합니다. 문재인 대통령은 대통령이라는 자리에 있으면서도 전 국민을 대표하지 않겠다는 의도를 뚜렷이 밝힌 것입니다. 우리 편이 아닌 국민은 없는 사람 취급하겠다는 것인데, 지도자가 이렇게 행동하면 정권에 의해 선택받은 국민과 그렇지 않은 국민 간에 대립이 심화될 뿐입니다. 정치가 국민의 선한 마음을 키우고 공동체적 연대를 가꾸지는 못할망정, 국민을 편 갈라놓고 서로 증오하게 만드는 것은, 비록 짧지만 역동적이었던 우리 민주주의 역사에서 한 번도 없던 일입니다.

정치의 본질은 이념이나 이해관계가 부딪치는 그룹의 존재를 뚜렷이 인정하고 그것을 조정하는 것입니다. 역설적으로 들리지만, 국민의 뜻이 하나가 아니라는 것을 인정하는 것이 바로 모든 국민을 존중해 하나로 화합하게 하는 길이라는 뜻입니다. 이게 바로

'다원성'입니다.

반대로 일부 국민만 챙기면서 갈등을 조장하는 것이 바로 포퓰리즘 정치입니다. 우리나라에서 포퓰리즘이란 말이 흔히 사용되는 경제정책에서는 방만한 재정지출에 의존한 무책임한 경제정책을 뜻하지만, 사실 정치 영역에서는 '국민을 편 갈라 그 일부를 동원하는 전략'입니다.

포퓰리즘 정치세력이 어느 정도 세를 확보한 나라가 적지는 않지만, 적어도 선진국은 이들을 적정한 수준에서 통제하고 있습니다. 그런데 변방의 세력도 아니고, 집권 여당이 이렇게 노골적인 포퓰리즘 정치에 의존하는 것은 우리 민주주의의 커다란 위기입니다.

국민을 '살인자'라 부르는 정치

2019년 조국 전前 청와대 민정수석은 '일제 강제징용 관련 대법원 판결에 반대하면 친일파'라 선언했습니다. 많은 이들이 충격을 받았습니다. 당시 대법원 판결에 대해서는 '외교를 고려한 사법의 자제가 아쉽다'는 의견이 학계와 외교가에서 많았을 뿐 아니라, 법원 판결이 야기한 외교 문제를 행정부가 어떻게 조심스럽게 풀어나갈 것인가가 난제로 떠오른 상황이었습니다.

국가적인 난제 앞에서 최고위 관료가 이렇게 기분 내키는 대로 내지르는 것도 놀라웠지만, '내 생각과 다르면 친일파'라며 국민들마저 정적 취급을 하겠다는 것은 더 충격적이었습니다. 과거에도 정치인들 간에 서로 삿대질하고 편 갈라 싸우는 것이야 흔한 풍경이었지만, 국민을 대상으로 너희 편, 우리 편을 가른 기억은 없습니다. 정부 입장에 동의하지 않는 것을 '애국이냐, 이적이냐'의 시각에서 봐야 한다니, 도대체 민주주의가 무엇이라고 이해하고 있는지를 의심하게 만드는 발언이 아닐 수 없습니다.

그런데 그 이후에는 빗장이 풀리기라도 한 것처럼 대통령 스스로가 노골적인 편 가르기 신공을 보여주기 시작했습니다. 2020년에는 "파업하는 의사들 짐까지 떠맡아야 하니 간호사분들이 얼마나 힘드냐"며 의사와 간호사를 갈랐습니다. 한 나라의 대통령이 말했다고는 믿기 어려운 이간질입니다.

정책도 마찬가지였습니다. 부동산 정책 임대차 3법 역시 노골적으로 임대인과 임차인을 편 갈랐습니다. 갱신청구와 관련한 거친 법조항들은 전세의 씨를 말린 원인이기도 했지만, '임대인은 적이고 임차인은 내 친구'라는 선언처럼 읽힙니다. 아마도 이 법을 만든 사람들은 자신들의 표밭이 임차인이기 때문에 임대인은 딱히 법의 테두리 내에서 열심히 보호할 필요가 없다는 생각을 했던 것 같습니다.

청와대 비서실장이 광화문 집회를 주도했던 이들을 '살인자'로 칭한 것도 경악스러운 일입니다. 광화문 집회가 국가 방역정책과 마찰을 일으켜 비판의 여지가 많은 집회이긴 했습니다. 하지만 사법적 책임을 묻지도 못할 사안에 대해 국민을 '살인자'로 칭했다는 것은 청와대의 인식구조가 '우리 편 아니면 적'으로 국민을 얼마나 철저히 구분하고 있는지를 보여줍니다.

어떤 정치인도 진영논리에서 자유로울 수는 없지만, 권력을 잡는 순간 전 국민을 끌어안아야 한다는 데는 아무도 이견을 제시할 수 없습니다. 그러나 이런 사건들에서 나타나는 것은 '우리를 찍지 않는 국민은 대표하지 않는다'는 타산입니다. 지도층의 그런 행태는 국민들이 서로 반목하고 증오하도록 국가권력이 공적으로 부추기는 것과 같습니다. 보통의 우리 국민이 이런 갈라치기를 경멸함에도 불구하고, 정치인들이 이런 저열한 수단을 사용하는 것은 분명 권력의 유지와 강화에 도움이 되기 때문일 것입니다. 그러니 이런 편 가르기가 꼴 보기 싫다면 더 이상 이런 행위가 정치적 이득을 가져오지 못하게 할 방도를 우리 스스로 찾을 수밖에 없습니다.

아무도 꾸짖지 않는
야만과 폭력

어떤 상황에서든 폭력을 정당화하는 것은 정치인뿐이 아니라 일반인도 해서는 안 되는 일입니다. 스마트폰이 보편화되면서 문자폭탄은 다른 사람을 위협해 입을 막는 폭력의 수단이 됐습니다. 의견이 다른 이를 지정해 우르르 몰려가 욕설과 비난 등 정제되지 않은 방식으로 감정을 배설하고 상대의 업무를 마비시키고 겁을 줘서 입을 다물게 하려는 집단 테러입니다.

사방에 CCTV가 있는 요즘은 생각도 못 할 일이지만, 예전에는 불화가 있는 집에 밤을 틈타 돌멩이를 던져 유리창을 깨는 일이 흔했습니다. 그러니 문자폭탄은 집단적으로 돌멩이를 던지는 것의 정보화시대 버전이지요. 물론 건전한 의견을 전달하는 문자들도 있지만, 이런 경우는 업무를 방해하려는 목적으로 조직화한 사이버 테러입니다.

그런데 이런 폭력행위를 대통령부터 나서 옹호하고 있습니다. 그는 2017년 4월 대선후보로 확정된 직후의 인터뷰에서 '18원 후원금, 문자폭탄, 상대 후보 비방 댓글을 자신의 지지자들이 조직적으로 모의한 일'에 대해 "치열하게 경쟁하다 보면 있을 수 있는 일들이다. 경쟁을 흥미롭게 만들어주는 양념 같은 것이다."라고 말했습니다. 집권 2년 차 때는 "유권자의 의사 표시다. 그냥 담담하게 받아들여 달라."고 주문하기까지 했습니다. 4주년 기자회견에서도 마찬가지로 "하나의 국민 의견으로 받아들이면 된다."고 말했습니다.

도저히 한 나라 정치 지도자의 언행이라 믿기지 않는 내용입니다. 우선 자라는 아이들에게 문자폭탄을 친구에게 보내도 괜찮다고 말할 수 없다면, 당연히 지도자도 이런 말을 해선 안 됩니다. 게다가 지도자가 이렇게 말하면 그를 존경하고 지지하는 사람들은 '이분이 이런 행위를 필요로 하고 계속 해달라고 부탁하는구나'라고 받아들입니다. 국민 개인이 옳고 그름에 대한 판단을 이렇게 지도자에게 헌납해버리는 것이 바람직하지는 않지만, 1차적인 책임은 지지자들에게 도덕적 판단 자체를 마비시킬 것을 요구하는 지도자에게 있다고 생각합니다.

제 주변의 정치인들 역시 18원 후원금을 많이 받습니다. 18원이라 찍혀 있는 통장을 보며 쌍욕을 들은 것처럼 기분 나빠하라는 의도겠지요. 사실 면전에 대고 욕설을 내뱉는 것과 비슷한 것인데, 그런 분들은 꼭 익명으로 입금합니다. 자신들도 그것이 비겁한 짓이라는 것을 아는 것입니다. 이런 짓을 '경쟁을 흥미롭게 만드는 양념'이라며 용인하는 것이 지금 우리 정치의 창피한 수준입니다.

　이것은 문자폭탄을 권력수호의 수단으로 의지하는 분들이 있기 때문입니다. 김용민 의원은 "당원이 문자를 보내는 것은 권장돼야 할 일"이라고 했고, 윤건영 의원은 "선출직이라면 그 정도는 감당해야 한다."고 했습니다. 박주민 의원은 "문자폭탄을 보내지 말라는 것은 정치인으로서 올바른 화법이 아니다.", 정청래 의원은 "문자폭탄이 아닌 문자행동으로서, 간접민주주의의 보완재 역할"이라 옹호했습니다. 친문 핵심 지지자들의 지지가 절실한 분들일 테니 '문자폭탄으로 경쟁상대를 겁먹게 해주시고 위축시켜주세요'라고 지지자들에게 요청하는 것처럼 보입니다. 군부독재 시절 정치깡패들을 고용했던 정치인들과 무엇이 다른지 모르겠습니다.

　차기 대선주자로 꼽히는 이재명 경기도지사 역시 최근 문자폭탄에 대해 "1,000명 문자만 지우면 된다."며 뭐가 문제냐는 태도를 보였습니다. 핵심 지지층에게 밉보이기 싫은 거지요. 국민 대부분이 경멸하는 행위인데도 이들이 이런 태도를 보이는 것은 무언가 유리한 점이 있기 때문일 것입니다. 사실 완장을 차고 반대자들을 윽박질러 조용히 시키는 친위대는 1970~1980년대 각목을 휘두르던 정치깡패들처럼, 어둡고 침침하긴 하지만 정치인 개인에겐 자산일 것입니다.

　문제는 국민이 무섭지 않기 때문에 이것이 자산이 될 수 있다는

　　　　　　　　　　　　　　　　이런 게 민주주의라고!?

사실입니다. 좋은 정치란 국민에게 좀 더 선한 삶을, 아니 좀 더 문명인다운 삶을 살자고 권하는 것입니다. 하지만 여당 지도자도 미래 대권주자도 머릿속에 그런 생각이 없는 듯하고, 그런 정치지도자를 우리가 준엄하게 꾸짖지 않는 것이 가장 큰 문제입니다. 그결과, 의견조정과 갈등해소 방식 자체가 국민의 본보기가 돼서 국민을 미래로 이끄는 과정이어야 할 정치는 국민들 보기에 한심한 수준에 머물고 있습니다.

21세기 선진국 한국에서 왜 혐오정치가 통할까?

보통 사람에게는 혐오스러운 행동들인데도, 지지층을 집결시키고 강력하게 유지시킬 수 있는 것은 이상한 일입니다. '집단 주술'이 아니고서야 문자폭탄을 보내고 18원 후원금으로 조롱하는 것이 어떻게 떳떳한 짓이 될 수 있습니까? 정상적인 사람이 어떻게 이것을 모를 수가 있을까요? 막연하게 "우리 국민 수준이 낮아서 그래, 민도가 문제야."라고 한탄하는 분들이 눈에 띕니다만 그런 자조는 별 의미가 없습니다. 우리 민주주의 역사가 70년입니다. 아직 젊긴 하지만 그렇다고 마냥

어리다고만 볼 수는 없는 상당한 나이입니다.

국민의 언행이나 심리가 기이한 방식으로 흐른다고 해도 그것의 원인과 경로를 파악하는 것은 매우 어려운 일입니다. 그것을 위해서는 저열한 행위들을 그저 저열하다고 치워버리기보다 다양하게 나타나는 행태들의 밑바닥에 숨어 있는 기본적 흐름을 찾아내야 합니다. 지금 21세기 한국의 편 가르기 정치의 밑바닥에 무엇이 있을까요? 아무리 저열한 행위를 반복하더라도 계속적인 지지를 받는 것은 무엇 때문일까 생각해보면, '우리 편은 도덕적으로 우월하다'며 개혁가 이미지를 지속적으로 투사하는 것이 일부 국민에게 효과적인 마취제로 작동하고 있는 게 아닐까 싶습니다.

20년 집권론과 함께 이해찬 전 대표가 이런 말을 했습니다.

"우리 역사의 지형을 보면 정조대왕이 1800년에 돌아가십니다. 그 이후로 220년 동안 개혁세력이 집권한 적이 없어요. 조선 말기는 수구 쇄국 세력이 집권했고, 일제강점기 거쳤지, 분단됐지, 4·19는 바로 뒤집어졌지, 군사독재 했지, 김대중·노무현 10년 빼면 210년을 전부 수구 보수 세력이 집권한 역사입니다."

여당은 정조 이후 최초의 개혁세력으로 정의를 대표하고, 야당은 악이라는 뜻입니다. 한마디로 200년간의 잘못된 역사를 바로 세우기 위해서는 자기들이 오래 집권해야 하고 자신들 앞에 존재

이런 게 민주주의라고!?

했던 모든 정치세력이 끌어 내려져야 한다는 말입니다. 치기 어린 젊은이가 말했으면 모르되, 노회한 정치 지도자의 말치고는 사실 으스스한 내용입니다.

바로 이렇게 스스로를 끝없는 개혁꾼으로 자리매김함으로써 지지자들에게 '간간이 비상식적이고 사악해 보이는 짓을 하더라도 길게 보면 결국 정의로울 것이다'라는 믿음을 주입하는 것이지요.

포퓰리즘은 갈등을 먹고 산다

이런 전략은 우리나라에서 새로 나타난 현상은 아닙니다. 사실 어떻게 보면 고전적이라고도 할 수 있는 전략입니다. 편 가르기 정치는 사실 흔히 말하는 포퓰리즘의 동의어와 마찬가지입니다. 정치철학자 얀 베르너 뮐러는 포퓰리즘을 '자신들만이 전체 시민을 대표할 수 있다는 믿음'에 기초한 '도덕화한 반反 다원주의'라 정의했습니다. 그 속에서는 도덕적 자율성에 의한 개인의 판단이 어렵고, 스스로 생각하는 능력도 억압됩니다. 그러니 공론장이 활성화되기는커녕 마비되기 십상입니다.

2020년 2월 아르헨티나의 페르난데스 대통령이 독일을 방문했을 때의 일입니다. 아르헨티나는 포퓰리스트였던 페론 대통령의 이름을 딴 '페로니즘'으로 유명한 나라입니다. 그러니까 포퓰리즘의 대표선수 격입니다. 총리 관저에서 저녁을 먹으며 나눈 대화는 포퓰리즘이 무엇인가로 흘렀다고 합니다. 페르난데스 대통령은 "포퓰리즘은 국민을 대변하고, 국민이 원하는 것을 하면서 국민의 이해를 보호하는 것"이라며, '진정한 민주주의(?) 포퓰리즘'에 대한 장광설을 늘어놓았다고 합니다.

그때 메르켈 총리의 보좌관이 나서 그를 차단하면서 뮐러의 저작을 인용했습니다. 포퓰리즘이 말하는 국민이 누구이며 그것을 누가 결정하냐는 것이었습니다. 포퓰리스트 정치가들은 국민이 원하는 대로 한다고 하지만, 자신을 비판하는 사람들은 국민으로 치지 않는다는 것이지요. 그렇기 때문에 국가의 여러 제도를 장악해 다양한 국민의 다양한 이해를 반영하기 위한 통로를 차단하고, 자신의 열성적인 지지자들을 위한 보답 정책을 사용하면서 이들을 동원하고 이들만 대변하게 된다는 것입니다.

만약 포퓰리즘이 배제되고 소외된 국민을 대변한다면, 좀 더 포용적인 사회를 지향한다는 긍정적 방향성을 가질 수도 있지만, 보통은 지금 우리나라의 정치에서 나타나듯 '민주주의에 대한 정면 공격'일 뿐입니다.

이런 게 민주주의라고!?

그것은 편 가르기 포퓰리즘의 본질이 '반다원주의'이기 때문입니다. 포퓰리즘은 자신의 지지기반만을 국민으로 인정하고 상대방을 적폐이자 구태로 몰아붙이며 유지됩니다. 그래야 도덕적으로 우월하다는 집단의식을 고취시켜 지지층을 집결시킬 수 있기 때문입니다. 그러니 갈등을 먹어야 사는 존재입니다. 결국 나와 다른 상대를 나 자신처럼 존중하는 '다원성'이 민주주의의 기본이라는 점을 생각하면, 다원주의에 반하는 편 가르기 포퓰리즘은 '자유민주주의의 위협'입니다.

무엇이 우리를
이렇게 만들었을까?

포퓰리즘이 비이성적인 열정을 공유한 지지층을 동원하는 정치기술이라면, 자연스럽게 따라오는 질문은 '왜 국민이 이탈하지 않는가'입니다. 아무리 도덕적 개혁꾼을 자처하는 세력이 부흥회를 한들, 정상적인 사람들이 폭력과 선동을 계속 지지하는 것은 이해하기 어렵습니다. 동원하려는 사람이 반민주적인 세력이라는 것은 분명하지만, 그것만큼 심각한 문제는 동원당하는 사람의 충성입니다.

사실 운동권이나 외칠 법한 '관념적인 개혁'을 내세우며 다른 이들을 적폐로 몰지만, 그것을 통해 달성할 수 있는 것은 없습니다. 일례로, 문재인 정권은 개혁을 통해 무엇을 달성할지에 대한 구체적인 그림을 제대로 밝힌 적이 없습니다. 검찰개혁은 이젠 신앙이 돼버렸습니다. 신심으로 동의하라는 것과 같습니다. 민주주의 정부가 국민에게 져야 할 가장 중요한 의무인 '설명해야 할 의무(책무성, accountability)'를 가뿐하게 저버린 것입니다.

  그러니 민주주의 사회에 사는 시민으로서 우리가 이것을 용인하는 것은 이성을 정치권력에 의탁해버린 것이 아닌가 의심해봐야 할 일입니다. 즉, 한국처럼 고도로 발전한 경제와 70년의 민주주의 역사를 가진 나라에서 '도덕화된 반다원주의'가 창궐하고 있는 것은 우리 안의 뿌리 깊은 어떤 문제를 다시 들여다볼 필요성을 보여줍니다.

  그런 이유로 이제는 우리 자유민주주의의 기초에 대해 생각해 볼 시점이 됐습니다. 자유주의의 시작이라 할 수 있는 '나'의 개념은, 다른 누구의 의지에 상관없이 내 행동을 결정하는 자유를 자각하는 것으로 시작됐습니다. '나는 생각한다. 그러므로 존재한다'가 근대의 시작을 알렸던 것은 각자의 출발점이 자신이며, 아무도 나의 판단을 압도하거나 억압할 수 없다는 인식이 한 시대를 열었다는 것입니다. 옳고 그름의 판단을 아무에게도 위탁하지 않고, 오로지 나만이 내 내면의 주인이라는 것은 근대 이후 민주주의 발전의 초석이었습니다.

그런데 그러려면 '생각하는 능력'이 필수입니다. 자유민주주의는 개인에게 끝없이 생각하고 판단할 사고의 근육을 키울 것을 요구하는 체제란 뜻입니다. 이에 더해, 누군가 내 판단과 생각을 가로채려 시도하는 정치세력이 있다면 그들을 끊임없이 경계하는 것도 필수입니다. 국민이 스스로 생각하고 비판하는 능력을 갖추는 것을 두려워하는 정치세력이 민주주의를 떳떳하게 운영할 리가 없으니까요.

물론 모든 사람이 플라톤 같은 현인이 될 수는 없으니 현실적인 인간상에 근거해 정치체제를 설계해야 하고, 전업으로 정치를 하는 정치인과 생업에 종사하는 보통 국민의 역할이 구분됩니다. 하지만 여전히 자유민주주의의 토대는 주관적이고 건강한 내면과 생각의 근육을 가진 국민입니다.

편 가르기 포퓰리즘이 21세기 한국에서 통용되는 이유는 바로 '진보'나 '옳음'을 어떤 특정한 정치 진영에 선험적으로 귀속시키고 자신의 판단을 위임해버리는 우리 안의 심리적인 경향성 때문이 아닐까 싶습니다. 그리고 그 바탕에는 건국 이래 국가 주도로 나라가 발전하면서 개인에게 생각하는 힘을 기를 기회가 별로 주어지지 못했다는 사실이 놓여 있습니다. 외적 권위에 휘둘리지 않는 내면적 주관과 생각의 근육이 경제 수준이 발전한 것만큼 따라오지 못한 것이지요.

어떤 정치세력도, 비록 그것이 순수한 진보의 에너지로 충만했던 시절이 있을지라도, 시간이 경과함에 따라 탁하게 변질될 위험이 항시 존재합니다. 그러니 어떤 집단이 개혁적이고 정의로운지는 지속적인 관찰을 통해서만 판단할 수 있습니다. 그 판단은 다른 누구에게도 위임돼서는 안 되는 것이고요. 내가 마음을 다해 신뢰했던 개혁세력이 불의한 행동을 할 때 그것을 묵인하지 않는 것, 이것이 바로 '홀로 바로 선 개인주의'일 것입니다. 이런 건강한 개인주의 속에서는 국민을 자신들의 홍위병으로 이용해 민주주의를 파괴하려는 책동이 통하지 않습니다.

200년 전 자유주의의 아버지라 불리는 존 스튜어트 밀은 인류의 가장 큰 약점이 '검증되지 않은 신념에 자기 자신을 복속시키는 경향성'이라 공언했습니다. 그러니 우리 마음속의 이런 경향성을 인지하고 경계하는 것이 바로 저열한 포퓰리즘을 몰아낼 유일한 수단인 것입니다. 저는 오래지 않아, 지금을 돌아보며 우리 국민이 '그때 우리가 왜 그랬을까'라 의아해할 시간이 올 것이라 믿습니다. 이성적이고 상식적인 정치세력들이 포퓰리즘을 대체하게 될 것입니다. 도덕적 개혁세력을 자처해온 집단이 보통 사람의 도덕 기준에도 한참 못 미치고 있다는 사실들은, 그 국가적 자각의 시간을 조금 더 당겨줄 것이라 생각합니다.

2

궤멸과 적폐를 부르짖는 정치

저런 게
민주주의라니

5년 전 많은 국민이 촛불을 들고 '이게 나라냐'를 외쳤습니다. 우리가 '이만큼 왔구나' 하고 생각했던 수준과 나라의 실제 운영방식이 너무 동떨어졌기 때문이었습니다. 깊이 실망했던 국민은 지난 대선에서 나라다운 나라를 만들겠다는 약속에 희망을 걸었습니다. 그런데 그로부터 지금까지 몇 년 안 되는 시간 동안 '이게 민주주의냐'라는 질문을 끊임없이 되뇌었으니 희망을 걸었던 것이 무색해졌습니다.

이번 정부가 시작된 이후 '저분들이 생각하는 민주주의가 이거였어?' 하고 놀라는 순간이 여러 번 있었습니다. 생각이 다른 사람은 적폐로 몰고 야당의 궤멸을 부르짖는 것을 보면 오싹하는 느낌을 받습니다. 예전에는 감히 상상할 수 없었던 정치입니다. 그런데 그분들이 무슨 말을 하건 동조하는 국민들도 여전히 상당수 존재합니다.

건국 후 70년 동안 어렵게 가꿔온 우리 민주주의가 이렇게 망가지는구나 하고 실망한 분들이 많습니다. 그러나 우리 민주주의가 얼마나 큰 위기에 빠졌는지 걱정하지 않는 여권 지지층도 많으니, 이제껏 민주주의가 무엇인지에 대한 기본적인 이해를 우리가 공유하지 않았다는 것이 뚜렷해진 셈입니다.

그렇다면 어디서 어긋나고 있는지를 알아야 합니다. 도저히 이해가 안 되는 행동과 사고를 볼 때마다 분노해봤자, 같이 분노하지 않는 이웃에 실망해봤자 건강만 해칠 뿐입니다. 말로만 통합을 외치는 게 무슨 의미가 있을까요. 민주주의에 대한 이해가 서로 어떻게 다른지를 확인하고, 좋은 민주주의가 어떤 모습이어야 하는지에 대한 공감대를 먼저 만들어야 합니다. 그것 외에는 '분열의 시간'을 넘어 나아갈 길이 보이지 않습니다.

2017년 4월 대통령 선거 운동 중 당시 이해찬 선대위원장은 충남 공주대학교 유세 현장에서 "극우 보수세력을 완전히 궤멸시켜야 한다."라고 발언했습니다. 오랜 양당체제의 한 축인 당시 여당을 극우라 표현한 것도 문제이지만 '궤멸'이라는 단어를 정치적 공간에 끌어들인 것 자체가 충격이었습니다.

궤멸이란 말은 공존을 부정합니다. '해충 박멸'처럼 '너하고는 절대 못 산다'는 강력한 의지인 셈이지요. 그를 비롯한 민주당 지도부는 다음 해인 2018년, '20년 장기집권'을 내걸고 나아가 100년 정당론을 제기하면서 장기집권에 대한 속내를 거침없이 내보였습니다. '1955년 창당해 63년 동안 대통령을 세 번 탄생시켰다. 앞으로 10번 더 당선시키겠다'고 하니 100년이 되기 전에 10명을 더 당선시키려면 향후 50년간 주야장천 집권하겠다는 것입니다.

세상에 단기집권에 그치겠다고 결심하는 정권은 당연히 없습니다. 이해는 합니다만, 문제는 장기집권 목표를 공언한 후 경쟁상대를 무슨 누대의 원수라도 되는 양 궤멸해버리겠다며 상대를 짓밟는 정치에만 집중한다는 것입니다. 정치세력 간에 생각과 능력을 경쟁해 국민의 선택을 받는 것이 민주주의 아닙니까? 이 정도면 민주주의의 관념 자체가 없는 것으로 보아도 무방하지 않을까요? 경쟁상대는 나를 더 노력하게 하고 나아지게 하는 존재로서 함께 공존해야 국민에게 도움이 되는 것인데 말입니다.

이런 게 민주주의라고!?

원래 민주주의 사회는 각 정치세력이 생각의 경쟁을 벌이고, 서로 교차 집권하면서 나라가 업그레이드됩니다. 그러니 경쟁의 결과로 상대방이 선택받았다면, 그것은 그것대로 받아들이면서 더 노력하고, 다음에 국민의 선택을 받기 위해 더 발전시켜 나가는 것이지요. 게다가 각 정치세력이 주로 대변하는 국민도 다를 테니 집권세력이 교차되는 것을 통해 전체 국민이 시차를 두고 집권당에 의해 대표되는 것이기도 합니다.

그러므로 정권을 계속 재창출할 수 있도록 정말 열심히 하겠다는 결심은 속으로 각자 하는 것이지, 집권세력의 교체 자체가 필요 없다는 식으로 공언하면서 지지층을 결집하는 것은 민주주의의 본질을 부정하는 매우 위험한 선을 밟는 것과 같습니다. 그런 발언을 하는 여당 대표가 가진 민주주의관도 의심해볼 만한 것이고요.

제일 기막힌 것은 따로 있습니다. 이들이 그간 줄곧 '공존과 상생'을 자신들의 전유물인 것처럼 내세웠다는 점입니다. 물론 이런 가치를 부정하는 정치세력은 세계 어디에도 없습니다만 진보세력이 통상 이것을 중시하는 것은 맞습니다. 그런데 우리나라의 자칭 진보는 공존과 상생을 내세우며 자신들이 우월한 세력인 것처럼 과시해왔으면서도 막상 권력을 잡더니 돌변한 것입니다. 상대편의 궤멸을 외치고, 자기 자신을 부정하는 것도 서슴지 않는 정치세력이 손톱만큼의 진정성이라도 가졌을지 의심될 수밖에 없습니다.

도덕성에 대한 약속,
그냥 없던 일로 하자

장기집권과 권력독점에 집착하면 어떤 오류도 인정할 수 없고 무조건 자신이 옳다고 우기게 됩니다. 잘못을 인정하지 않고 무조건 우기는 모습이 상식적이지 않으니 국민은 더 환멸을 느끼게 되죠. 조국 전 법무부 장관 가족 비리 의혹, 윤미향 의원의 후원금 유용 의혹, 추미애 법무부 장관 아들 특혜 휴가 의혹…, 아무리 의혹이 불거져도 무조건 임명을 강행한 수많은 인사청문회를 기억하실 것입니다. 이 과정에서 일관되게 나타난 경향은 드러난 사실과 관계없이 '무조건 우리 편 이야기만 듣는다. 그리고 반대편은 무차별 공격한다'입니다. 그간의 집권세력이 보여온 여유나 염치 같은 것은 전혀 갖추지 않은 순수 진영논리인데, 과거에도 이랬던 적이 있나 기억을 아무리 되돌려봐도 이 정도의 억지는 찾을 수가 없습니다.

"컴퓨터를 반출한 것은 검찰이 증거를 조작할까 봐 증거보전 차원에서 그런 것이다."라는 말을 전직 장관이란 분이 했을 때 국민들은 할 말을 잃었습니다. 그는 오픈북 시험이니까 괜찮다며 조국 전 장관 내외가 아들의 시험을 대신 풀어준 것을 옹호했습니다. 이쯤 되면 옳고 그름을 가볍게 지르밟고 가겠다는 뜻 아닐까요? 오

이런 게 민주주의라고!?

픈북 시험은 들킬 가능성이 적더라도 다른 사람의 도움을 받지 않는 정직함을 전제로 합니다. 젊은이들에게 명예심을 가르치는 교육 방법이기도 하죠. 그런데 교수 부모가 시험문제를 대신 풀어준 부정행위를 슬그머니 덮어주는 정도가 아니라, '원래 그런 거다'라며 국민들에게 거짓말까지 했습니다. '우리 편은 무조건 옳다'를 밀어붙이는 무대포 패거리 의식의 단면이 아닐까 싶습니다.

게다가 '우리 편은 무오류'여야 하니 잘못은 무조건 상대에게 미루기 위해 억지 논리를 갖다 대기 일쑤입니다. 전 국민을 분노하게 했던 LH 부동산 투기사건이 일어났을 때 문 대통령은 "부동산 적폐를 청산하겠다."고 말했습니다. "촛불혁명으로 탄생한 우리 정부는 부정부패와 불공정을 혁파하고, 투명하고 공정한 사회를 만들기 위해 최선을 다해 왔지만, 아직도 해결해야 할 해묵은 과제들이 많다."라고도 했습니다.

이 말은 현 정부 잘못이 아니라 전 정부 때문이라는 말입니다. 잘못이 있다면 이전 정부의 적폐를 더 철저하게 타파하지 못한 것뿐이니 '하던 대로 쭉 더 하겠다'는 말로 들립니다. 정부 산하기관에서 업무정보를 이용한 대규모 투기사건이 발생했는데, 먼저 공직 기강을 제대로 세우지 못한 것을 국민께 사과하기는커녕 이전 정부 탓으로 돌리다니요. 그 모습을 본 사람들로서는 그 사고구조의 신박함(?)을 따라잡을 수 없어 어리둥절할 수밖에 없습니다.

더구나 이번 정부는 출범할 때부터 이제까지의 모든 역사를 적폐의 역사로 규정하며 완전히 새로운 시대를 약속했었습니다. 전 정권의 블랙리스트 사건을 비난했고, 권력을 잡으면 '우리는 완전히 다를 것이다'라며 한층 높은 도덕성을 약속했습니다. 그러니 국민들의 눈높이도 높아지고, 그에 따라 기준도 상향조정되는 것이 마땅합니다. 대선 과정에서 문재인 대통령이 강화된 눈높이에 맞춰 병역, 부동산투기, 세금탈루, 논문표절, 위장전입 등 고위공직자 5대 인사기준을 공약으로 내놓은 것도 월등한 도덕성을 약속한 것의 일환이었습니다.

그런데 이후의 행태는 모든 약속을 그냥 없던 일로 치자는 것 같습니다. 검찰이 환경부 블랙리스트 사건에 대한 구속영장을 청구한 직후 청와대는 "과거 정부 때와 비교해 균형 있는 결정이 내려지길 기대한다."는 논평을 냈습니다. 눈높이가 높아졌든 말든, 더 높은 도덕성을 약속했든 말든 다 잊어버리라는 것이지요. 인사청문회 역시 청문 보고서가 채택되든 말든 전혀 개의치 않았습니다. 5대 원칙이든 7대 원칙이든 도대체 왜 만들었나 싶습니다.

어떻게 공인이 저러고 살았을까 싶을 정도로 별의별 의혹이 가득한 후보들이 여럿이었지만, 이번 정부는 30명이 넘는 장관을 청문 보고서 없이 임명을 강행하는 기록을 세웠습니다. 그러니 '우리 편' 정치세력이 무슨 짓을 했든 '끝까지 감싼다'는 뜻에서는 완전히 새로운 나라이기는 합니다. 국민을 바라보고 책임지는 게 아니라 자기들끼리만 쳐다보고 의리를 지키는 게 정치윤리가 된 것입니다. 이러니 민주주의에 대한 몰이해를 의심할 수밖에 없습니다.

직접민주주의가 우월하다는 기이한 오해

자, 그러면 민주주의에 대한 이야기를 좀 해보겠습니다. 의회는 민주주의 그 자체입니다. 의회를 우회하고 민주주의를 구현할 길이 없다는 것은 민주주의라는 체제가 태동한 이래 지금까지 공유돼온 원칙이자 사실입니다. 그런데 문재인 정부는 매우 기이한 방식으로 민주주의를 이해하는 것으로 보입니다. 대통령은 취임 100일을 맞아 직접민주주의를 언급했습니다.

"국민은 주권자로서 평소에 정치를 그냥 구경만 하고 있다가 선거 때 한 번 행사하는 이런 간접민주주의로는 만족하지 못하고 있다."라면서요. 선거로 대표자를 선출하는 대의민주주의 자체를 폄훼하는 듯한 발언처럼 들렸습니다. 이후 더불어민주당은 정당발전위원회를 당내에 조직하고 "직접민주주의를 지향하는 정당 실현"을 천명하고 나섰습니다.

집권 여당이 '직접민주주의를 지향하겠다'는 선언은 전 세계 어떤 민주주의 국가에서도 찾기 어려운 사건입니다. 국민제안 등 국민을 참여시키고 의견을 청취해 간접민주주의를 보완하기 위한 제도는 우리나라를 비롯해 많은 선진국이 내장하고 있지만, 직접민주주의를 지향한다는 여당은 희귀하기 짝이 없습니다.

이들은 2019년 조국 사태 때도 서초동과 광화문으로 갈라진 대규모 대중집회가 국론분열이 아닌 직접민주주의라며 마치 권장해야 할 상황인 것처럼 평가했습니다. 앞서 언급한 정치철학자 뮬러에 따르면 이렇게 '제도 밖에서 행위하는 인민'에 의존하는 것은 편 가르기 포퓰리즘의 전형적 특성입니다.

이번 정권 초기에, 우리나라의 대표적인 진보 정치학자 최장집 교수는 집권 여당의 민주주의 이해에 대해 깊은 우려를 표시했습니다. 그런데 그가 우려한 내용을 보면, 집권 여당뿐 아니라, 우리 국민 중 상당수가 오해하고 있는 부분을 잘 정리해주고 있습니다. 그의 요지는 '직접민주주의가 더 우월하지만 현실적으로 불가능하기 때문에 차선책으로 간접민주주의를 시행하고 있다는 것은 심각한 오해'라는 것입니다. 대의민주주의가 원래 더 우월한 정치

체제라는 것이지요. 이점에 대해서는 많은 분들이 '아!' 하는 느낌을 받았을 것입니다.

직접민주주의는 고대 그리스에서 유래되었습니다. 그런데 고대와 달리 현대인은 대부분 생업에 바쁘기 때문에 직접민주주의로는 최선의 결과를 낼 수가 없습니다. 최 교수에 따르면, 정치에 골몰하고 시간을 쏟을 의지와 자질을 가진 사람을 국민이 선출해 통치를 위임하는 것은 엘리트주의와 평등한 국민주권을 조화시키는 최선의 체제입니다.

의회민주주의를 설계했던 민주주의 초기의 이상은 현명함과 깊은 애국심을 가진 소수의 대표가 국민의 목소리를 여과하고 확대함으로써 국민의 직접적 의견보다 공공선에 더 가까이 다가갈 수 있다는 것이었습니다. 모든 사람이 현자가 아니면 직접민주주의가 제대로 작동할 수 없다는 관점에서 고심해서 내놓은 현실적인 해법이었던 것입니다.

나아가 최 교수는 집권 여당이 민주주의에 대한 잘못된 이해로부터 민주주의를 파당적으로 정의해 시민들을 동원하려 한다고 지적했습니다. 그의 지적은 사실 의미심장한 2가지 요소를 담고 있습니다. 첫째는 집권세력이 민주주의의 기본을 잘못 이해할 정도로 무지하다는 것입니다. 그리고 더 심각한 두 번째 문제는, 그것을 파당적으로 활용해 민주주의를 파괴하려는 적극적인 전략을 구사한다는 점입니다. 예를 들어, 집권 여당이 자주 사용하는 '국민과의 협치'는 사실 정당정치를 우회해 여론에 호소하는 정치를 하겠다는 전략입니다.

그리고 여기서 말하는 '국민'은 자신들의 지지층에 한정됩니다. 지지층을 직접 동원해 여론을 형성하고 헌법이 규정하고 있는 의회정치를 패싱해 원하는 바를 타협 없이 이루겠다는 것입니다. 상대방을 협조해야 할 파트너가 아니라 타도해야 할 대상으로 규정하고 시작하는 못된 버릇이지요. 이게 무슨 민주주의입니까?

민주주의는 어떻게 무너지는가

2020년에 공수처법 개정안에 반대하는 야당을 향해 정청래 의원이 이렇게 말했습니다. "반대하고 싶으면 야당이 다음 총선에서 다수당이 돼라. 총선에서 이기려는 이유는 국회 표결이 다수결이기 때문이다. 초등학생도 아는 민주주의 이치를 입 아프게 설명해야 하는 현실이 서글프다."

이 정도면 이분들의 민주주의에 대한 인식이 정말 초등학생 수준이 아닌가 의심스럽습니다. 자유주의의 거인 존 스튜어트 밀이

들었으면 경기할 만한 내용입니다. 밀은 민주주의 태동기에 민주주의가 잘못되면 얼마나 끔찍한 결과를 낳을 수 있는지를 고민했습니다. "대의민주주의에서 정치인은 우월한 주장 앞에서 자신의 생각을 기꺼이 바꿀 수 있어야 한다. 보다 높은 수준의 생각과 이성 앞에서 설득되고 이해하려 노력해 정치적 주도권이 옮겨갈 수 있어야 대의민주주의가 제대로 작동할 수 있다."

상대방의 논리에 설득될 여지 자체를 거부하는 다수가 다수결에 의지하면, 민주주의가 아닌 '다수에 의한 소수의 억압'으로 귀결될 수밖에 없다는 것입니다. 이것은 국민의 요구사항을 접수하고 생각을 주고받는 토론의 장이 바로 대의기구인 국회이기 때문입니다. 소수의견, 반대의견도 당당하게 제 목소리를 내고 자유로운 소통이 가능해야 대의민주주의가 제대로 작동할 수 있다는 것이 200년 전에 이루어졌던 고민입니다. 200년 동안 수많은 정치인이 이 내용을 참고하며 자신들의 정치체제를 설계하고 보완했습니다.

간단한 이야기입니다. 국민 한 사람 한 사람이 소중하다면, 그들이 자신의 대표로 국회에 보낸 의원들의 이야기를 경청해야 한다는 뜻입니다. 그냥 듣기만 하는 것이 아니라 그 얘기들이 본인보다 더 나은 내용을 담고 있으면 기꺼이 입장을 바꾸고 더 나은 결과를 만들어내야 한다는 것이지요. 그게 국민으로부터 권력을 위임받은 의회가 민주주의를 추구하는 방식이어야 합니다. 그런 노력을 최대한 하면서 서로의 생각을 합치고 조율한 후 다수결을 통해야 한다는 것이지요.

존 스튜어트 밀로부터 200년이 흐른 후에 하버드대 정치학과 교수 스티븐 레비츠키와 대니얼 지블랫이 펴낸 《민주주의는 어떻게 무너지는가》는 현대 민주주의가 대부분 '합법적 선출'에 의해 파괴된다고 우려합니다. "자유민주주의는 선출된 권력의 형식적 법치만으로 지킬 수 없으며 상호존중(mutual tolerance)과 권력의 절제(forbearance)와 같은 민주적 규범에 의해 지켜진다."는 주장입니다. 이런 규범을 무시하는 행동이 바로 민주주의를 무너뜨리는 세력이라는 것입니다. 이게 바로 지금 우리나라에서 벌어지고 있는 일이 아닐까요.

패싸움 정치 조장하는
진짜 이유

이런 행태가 어디서 나오는지, 속을 들여다보면 좀 더 명확해집니다. 스스로를 선한 세력,

이런 게 민주주의라고!?

상대방을 악마로 규정하고 나서 악마(상대방)와 싸우는 이미지를 만듭니다. 그러면 지지층이 응원하고 힘을 보태어줍니다. 거기다 남도 나와 똑같은 참정권을 갖고 있다는 걸 인정하지 않으려는 마음까지 부추겨 국민마저 패거리의 일부로 포섭합니다. 패거리 정치는 이렇게 시작됩니다.

'패거리' 문화는 원래 조직폭력배같이 공식적인 밝은 세상 밖에 존재합니다. 명운을 같이 하는 패거리 안에서는 윤리나 규범 같이 사회 구성원으로서 마땅히 지켜야 할 기준이 무의미합니다. 패거리의 이익만 중요할 뿐입니다. 유일한 판단기준이 '우리에게 유리한가'뿐이니, '내로남불'은 당연한 행동방식입니다. 나아가 우리 패거리와 부딪히는 다른 집단은 배척하고 깔아뭉갤 궁리만 하는 것이지요.

그렇다면 이상한 점이 있습니다. 어떻게 집권세력이 이런 패거리 의식을 드러낼 수 있는지, 즉 왜 국민을 두려워하지 않는가입니다. 뒷골목 문화로 머물렀어야 하는 행태가 어떻게 국가의 최상위 시스템을 지배할 수 있었을까요? 사회의 공동선을 추구하고 보편적 원칙을 준수해야 하는 정치집단이 이런 행태를 노골적으로 드러내는 것을 왜 두려워하지 않을까요? 정말 이상한 일입니다. 아이들에게 '잘못했으면 사과하고 경쟁자를 존중하라'고 가르치는 것이 공적인 규범인데, 공적인 정당을 기반으로 하는 정치세력이 이 당연한 규범을 노골적으로 위배하다니요. 원래는 있을 수 없는 일입니다. 이것은 우리 국민 중 상당수가 민주주의 정치를 패싸움으로 인식하고 있는 데다 정치세력도 이런 이해를 교정하기는커녕 오히려 조장하기 때문이 아닐까 싶습니다.

　그렇다면 이제 우리는 어디서부터 시작해 어디로 가야 할까요? 먼저 민주주의의 본질이 무엇인지를 함께 다시 생각해보는 과정이 필요할 것 같습니다. 앞에서 '나와 다른 상대를 나 자신처럼 존중하는 다원성이 민주주의의 기본'이라는 생각을 공유했습니다. 그렇다면, 그것은 정치세력 간의 관계에서도 똑같을 것입니다. 흔히 '정치의 본질이 갈등'이라고 하는데, 그 갈등이 없는 것처럼 숨기는 것은 갈등의 한 축을 무시하고 억압하는 것과 다름없습니다.

　갈등을 명시적으로 표현해 어떤 이해관계와 이념적 차이가 얽혀 있는지를 세세하게 밝혀야 모든 주체를 존중하는 것입니다. 그리고 그것이 이루어지는 곳이 바로 의회이고요. 관련된 모든 이가 참여한 협의와 타협을 공개적으로 수행하는 것이 의회의 역할이니, 그것이 바로 민주주의의 핵심인 다원성을 구현하는 장일 수밖에 없습니다. 의회가 민주주의의 본질이니 그것을 우회하려는 것은 민주주의가 아니라는 뜻이기도 합니다.

　반면 정치권의 패거리 행태는 명시적으로 표현되기 어려운 적대감이나 무조건적 추종, 도덕적 우월감을 기반으로 작동합니다. 그런데 이렇게 똑바로 표현하고 설명할 수 없는 것을 감성으로 포장해 선동하는 것은 일부의 국민만을 동원시키는 책략일 뿐 민주주의적 방식은 아닙니다. 이것에 대한 경계심을 모두가 가져야 합니다.

예전 학생운동이 순수성을 인정받던 시절에도 그 운동방식은 상대를 타도 대상으로 정해놓고, 비타협을 내세우며 의식화와 조직화의 대상으로 대중을 동원하는 것이었습니다. 이제 그 시절은 다 지나갔으니 다음 세상으로 건너가야 합니다. 사회 구성원의 요구는 점점 더 다양해지고 다원적인 형태로 나타납니다. 그러한 요구를 정치의 무대에 펼쳐놓고 실제 정책으로 전환시키려면 먼저 정치세력 간에 인정과 타협을 거쳐야 합니다. 하나하나의 모든 주장이 국민 누군가를 대변하기 때문입니다.

다시 말하지만, 민주주의란 나와 같은 존재로서 상대방을 인정하고 상대의 주장에 기꺼이 설득당할 마음자세를 갖는 것입니다. 200년간 축적된 민주주의의 원칙을 되새기는 것이야말로 지금의 패거리 정치를 넘어 새로운 단계로 나아가는 필수조건입니다.

3

저질 정치가 무너뜨린 소중한 것들

나라를 나라답게
유지하는 심층의 기제

우리 민주주의를 받치는 기둥들은 지금 안녕한가요? '가꾸기는 어렵지만 망가뜨리기는 쉬운 중요한 것'이 무어냐 묻는다면 저는 망설임 없이 각종 제도라 대답할 것입니다. 특히 사법제도나 선거관리 같은 것들은 먹고사는 문제와 직접 부딪치는 일은 적지만, 민주주의가 위협받을 때 그것을 지키는 역할을 합니다.

그리고 제도는 그것을 돌보는 자율적이고 독립적인 종사자 집단에 의해 유지됩니다. 그러나 망가뜨리자면 또 허무할 정도로 쉽게 망가지는 게 바로 제도인지라 이들을 지키고 가꾸는 게 목적이라면 권력은 신중하게 뒤로 물러나 있어야 합니다.

반대로 자신의 권력을 유지하기 위해서라면 민주주의를 파괴하는 것도 불사하는 세력이 가장 먼저 공격하는 것 역시 바로 제도입니다. 대표적으로 사법부가 탄탄하게 자기 윤리를 준수하면, 어떤 전체주의적 시도도 성공하기 어렵습니다. 그리고 제도를 공격한다는 것은 그 제도를 가꾸는 전문가집단의 자율성을 공격한다는 것과 같습니다. 각 영역 나름의 판단을 존중하지 않고 찍어누르거나 기관장 인사를 비튼다면 십중팔구 민주주의를 망가뜨려 가며 권력을 지키려는 세력입니다.

트럼프 대통령에 의해 유명해진 용어로 '심층국가(deep state)'라는 게 있습니다. 원래 이 용어는 굉장히 부정적인 의미였습니다. 한 나라의 공식적인 통치 시스템과 별개로 그 심층에 비밀스럽고 비공식적인 네트워크가 나랏일을 좌지우지한다는 것인데, 범죄 카르텔과 권력 간의 유착이 깊은 멕시코 같은 나라에서 자주 언급되는 용어입니다.

그런데 트럼프 대통령은 이것을 전 정부를 비난할 때 사용했습니다. 예를 들어, 전격적인 무슬림 입국 금지를 선언한 행정조치를 사법부가 무력화시켰을 때, 그는 심층국가라는 말로 사법부가 훼방을 놓는다며 비난했습니다. 정부 내 누군가가 트럼프 정부 인사가 러시아 공무원과 부적절한 접촉을 했다는 정보를 제보했을 때도 마찬가지였습니다. 그의 주장은 전 정부의 영향력이 남아 자신이 하는 일을 사사건건 방해한다며 이것을 심층국가라고 욕한 것입니다.

재미있는 점은 이런 사건들을 거치면서 심층국가라는 용어가 트럼프의 의도와 정반대로 긍정적인 뉘앙스를 갖게 됐다는 것입니다. 민주주의적 견제를 우회하고 자신의 권력을 유지하기 위해서는 국가의 규범과 제도를 파괴해야 하는데, 그런 트럼프 대통령의 욕심에도 불구하고 '나라를 나라답게 유지한 심층의 기제'라는 뜻을 갖게 된 것입니다.

그렇다면, 우리는 어떨까요? 문재인 정부 들어 우리 민주주의가 속절없이 무너졌다고 보는 이들이 많습니다. 트럼프 대통령이 집권했음에도 '불구하고' 사법제도를 필두로 한 국가제도의 힘으로 미국 민주주의가 혼돈을 견뎌낸 것과 반대입니다. 우리는 왜 미국과 같은 심층국가가 없었던 것일까요?

위기는 어디서부터
시작되었나

우리 대법원은 사법부의 머리 기관으로 대체로 국민의 신뢰를 받아왔습니다. 역대 대법원장 중 아마 가장 대중에게 유명한 이가 지금의 김명수 대법원장일 것 같습니다. 과거의 경우 국민들은 대법원장이 누군지는 몰라도 하여튼 법조계의 존경과 지지를 받는 분이려니 생각해왔습니다. 그런데 김명수 대법원장이 거짓말을 했네, 법원을 사조직화했네 하는 비난을 보면, 솔직히 저런 분이 저 자리에 어떻게 갔을까 하는 생각을 지울 수가 없습니다.

아마 김명수 대법원장 입장에서 가장 창피스러운 일은 임성근 판사 사표반려와 관련한 거짓말이 탄로난 것이겠지만, 이것은 우리 사법부의 위기를 보여주는 큰 장면의 일부에 불과합니다. 김명수 대법원장은 지난해 5월 사법농단과 관련된 임성근 부장판사의 사표를 반려하면서 "툭 까놓고 얘기해서 지금 국회가 탄핵하자고 저렇게 설치는데 내가 사표를 수리했다고 하면 국회에서 무슨 얘기를 듣겠나."라고 말했습니다. 이렇게 말했다는 사실을 부인하다가 녹취록이 나오면서 망신을 톡톡히 당했지만, 사실 더 본질적인 부분은 사표반려 사유입니다.

그는 임성근 판사를 2018년 10월에 이미 견책으로 징계했습니다. 별 불이익이 없는 가장 가벼운 처분입니다. 즉 임성근 부장판사의 재판개입 행위가 탄핵당할 정도가 아니라 경징계감에 불과하다는 판단을 김명수 대법원장이 이미 공표했다는 뜻입니다. 그런데도 정치권의 분위기가 달라지자 그것에 거스르지 않기 위해 사표를 반려했습니다. 2년 전에 경징계감이었던 잘못이 왜 지금은 법관 탄핵의 대상이어야 하는지는 전혀 설명한 바 없습니다.

무엇보다 3권분립을 표방하는 나라에서 사법부 수장이 여당 국회의원의 움직임에 이렇게까지 비굴하게 보조를 맞추려 하는 것은 이상한 일입니다. 무언가 떳떳지 못한 이해관계가 얽혀 있으려니 하는 의심을 지울 수 없습니다.

문재인 정부 들어 법관에 따라 판결이 차이 나는 정도가 과거 어느 정부보다도 커졌다는 것이 법조계의 공통된 관측입니다. 정치적 성향이 판결에 드러나는 정도가 커졌다는 것입니다. 심지어 지난 6월에는 강제징용 피해자들의 일본 기업에 대한 배상청구권을 인정한 2018년 대법원 판결을 서울중앙지법이 뒤집기까지 했습니다. 2018년 대법원 판결 이후 다른 징용 피해자들은 유사한 손배소에서 승소해 일본 기업 자산에 대한 강제집행 절차가 진행 중인 곳도 있는데 말입니다.

이런 오락가락하는 판결을 보고 국민들은 어떤 생각을 할까요? 법과 양심에 따라 판결하는 것이 판사라는 전문가집단의 윤리인데, 정치에 영향받고 권력의 눈치를 보는 기관이라 인식된다면, 이는 그 누구도 아닌 판사집단의 위기이고 사법제도의 위기입니다.

김명수 대법원장이 만든 '우리법연구회'나 그 후신인 '국제인권법연구회'는 정치색이 강한 사조직으로서, 여기 소속된 법관들은 현재 중요 재판이나 사법 행정의 주요 보직에 큰 비중을 차지하고 있다고 합니다. 그러니 어떤 분들은 이 조직에 소속된 법관의 재판을 기피하거나 선호하고, 또 이 조직과 연결된 변호사가 승소비율이 높다는 인식도 퍼져 있다고 합니다. 결국 재판의 공정성에 대한 국민의 신뢰를 훼손시키고 있는 것이지요.

그렇다면 생각해봐야 할 문제는 이것입니다. 김명수 대법관은 거짓말 탄로 사건에서 보듯 동료 법관 사이에 명망이 높은 것도 아닌 데다, 사법부의 신뢰를 갉아먹는 정치적 사조직 수장이기까지 합니다. 왜 그런 인물을 중립성이 생명인 대법원장에 임명했을까요? 십중팔구 정권의 입맛에 맞게 사법부를 운영하려는 의도 아닐까요? 정상적인 상황에서라면 직종 내에서 그다지 존경받지도 않고 정치색도 너무 뚜렷한 인물을 대법원장 자리에 앉히지 않을 테니 말입니다.

사법부 존립의 근거는
'사법부 독립성'

"국민이 선출한 권력을 정지시킨 사법 쿠데타." 윤석열 검찰총장의 징계 효력 정지와 관련한 판결을 놓고 김두관 더불어민주당 의원이 한 말입니다. 그는 "선출된 권력에게 감히…"라는 표현을 함께 썼습니다. 알면서도 모르는 척한 정치 발언이 아니라면 한 나라의 국회의원으로서 국가시스템에 대한 심각한 무지를 드러낸 말입니다. 저는 그 발언을 듣고 2가지 가능성을 떠올렸습니다. 사법부가 어떤 역할을 하는 곳인지 잘 몰라서 한 말일 가능성, 또는 사법부를 장악하려는 주도면밀한 의도를 숨기기 위해 무지를 가장했을 가능성입니다. 물론 2가지 이유 모두 우리 민주주의의 허약함을 나타낸다는 면에서는 마찬가지로 심각한 문제이긴 합니다.

민주주의 정부가 반드시 법의 지배(rule of law)를 따라야 한다는 것은 국가권력이 법으로 정한 원칙과 테두리 내로 엄격히 제한되어야 한다는 뜻입니다. '선출된 권력'이라고 해서 권력을 무제한 행사할 수 있다고 인식하는 것은 위험하기까지 한 몰이해입니다. 민주주의의 핵심이 제한된 정부(limited government)이기 때문에 그

　　　　　　　　　　　　　　　　　　　이런 게 민주주의라고!?

렇습니다.

그리고 이것을 가능하게 하는 것이 바로 입법부, 행정부, 사법부 간의 견제입니다. 3부는 각각 최대한의 독립성을 갖도록 설계돼 있는데, 사법부의 경우 법과 양심에 따라 법률적 판단을 내려야 하니 선거로 선출하기는 어렵습니다. 정치적 능력이나 인기로 선출했다가는 대중의 요구와 압력에 맞춰 정치적 판단을 내리게 될 것이기 때문입니다. 그렇기 때문에 '사법부는 선출되지 않은 권력'이라 비하하는 말은 정부 구성원리에 대한 무지와 무식을 드러내는 것이라고 행정학자들은 입을 모읍니다. 거의 모든 나라에서 사법부가 '선출되지 않은 권력'인 것은 그것이 법치주의를 지키기 위해 필수불가결하기 때문입니다.

결국 사법부가 제 역할을 하도록 하는 것은 판사들이 정치적 영향을 받지 않고 독립적으로 판결할 수 있는 환경을 만들어주는 것 그 이상도 이하도 아닙니다. 이게 바로 사법부 존립의 근거인 '사법부 독립성'입니다. 물론 어느 나라나 헌법으로 사법부의 독립성을 보장해주고 있지만, 사법부라는 제도를 지키는 것은 사실 다른 2부의 마음가짐입니다. 최근 들어 우리 사법부에 대한 실망이 쌓이고 있는 것은, 바로 정치가 자신의 영향력을 사법부에 마음껏 행사하고 있다는 의혹이 강해지고 있기 때문입니다. 그 본질은 결국 집권세력의 사법부 장악이고 제도파괴입니다.

민주주의의 근간을
흔든 선거 모독

1960년 '3·15 부정선거' 당시 부정선거를 기획·지휘했던 내무부 장관 최인규는 1961년 사형선고를 받고 교수형을 당했습니다. 그는 전쟁이 끝난 지 몇 년 되지 않은 나라에서 자유당이 정권을 지키지 못하면 공산당 세력이 강해질 것을 우려했다고 합니다. 우리 슬픈 현대사의 단면입니다. 민주주의에 있어 선거가 얼마나 중요한 제도인지 이해하지 못하기도 했겠거니와 공산당에 대한 분노로 가득했던 당시의 사회 상황에서 자유민주라는 가치를 성찰하는 것도 어려웠을 것이기 때문입니다.

이후에도 권력의 선거개입은 간간이 문제가 됐지만, 우리 민주주의가 성장하는 것과 발맞춰 잊혀져 갔습니다. 1992년 군 부재자 투표 부정과 부산 초원복집 사건 등을 거쳐 2004년 노무현 대통령 탄핵에 이르면서는 대통령이라 해도 선거에서 엄정하게 중립을 지켜야 한다는 원칙이 확립되었습니다. 당시 노 전 대통령에 대한 탄핵을 기각하면서도 헌법재판소는 "여당을 지지하는 발언은 공직선거법상 공무원의 정치적 중립 의무를 위반한 것"임을 분명히 했습니다.

그러니 2018년의 울산시장 선거는 시계를 30년 정도 거꾸로 돌린 사건입니다. 문 대통령은 '30년 친구'의 시장 당선을 평소 '소원'이라 공언했고 공소장에 따르면 청와대 비서실이 선거범죄에 총동원됐다고 합니다. 청와대 핵심들은 다른 여당 후보에게 공직을 제안하며 출마포기를 유도했고, 한편에선 야당 후보 공약을 무산시키면서 여당 후보 공약을 뒷받침했다 합니다. 경찰은 야당 후보 사무실을 압수수색해 대통령 친구를 당선시키는 데 큰 기여를 했고, 그 경찰 책임자는 집권당 공천으로 국회의원이 됐습니다. 공소장의 내용이 사실로 판명된다면, 이 사건은 청와대가 앞장서 선거결과를 바꾸고 선거제도를 모독한 충격적인 일로 역사에 기록될 것입니다.

그런데 기소 이후의 과정은 사법제도의 훼손과 관련해서도 중요한 시사점을 갖습니다. 울산시장 선거개입 사건은 청와대 비서관들과 현직 울산시장, 국회의원을 비롯해 15명이 기소된 대대적인 사건입니다만, 기소 이후 1년 4개월 동안 재판이 열리지 않았습니다. 인사원칙을 어겨가며 친정권 판사들이 붙박이처럼 같은 법원에 머물며 재판을 지연시켰다는 의혹을 받고 있습니다. 우리법연구회 출신의 담당 판사는 같은 법원에 4년간 머물면서 울산 선거개입 사건의 재판을 열지 않았습니다. 법조계 인사들도 좀처럼 볼 수 없는 사법처리 지연이라 고개를 흔듭니다.

사법부를 잘 만져 놓으면, 예전에 사형을 선고했던 죄도 자유로이 저지를 수 있다는 큰 그림이었을까요? 선거개입이 이렇게 자유롭다면 민주주의는 조종을 울린 것이나 마찬가지일 것입니다. 어떤 정부도 자신들의 권력을 유지하기 위해 사법부의 판결이 중요하다는 것을 모를 리 없습니다. 선거개입처럼 민주주의의 근간을 흔드는 사건을 공명정대하게 판결하는 것은 자칫하면 정권의 명운을 흔들 수 있는 문제지만, 반대로 그렇게 하지 않을 경우 사법부라는 제도가 무너지는 결과를 낳습니다.

정상적인 정부라면, 아무리 자신들의 절박한 이해득실이 걸렸다 해도 감히 사법부의 작동방식을 비틀려고 하지는 않습니다. 왜냐면 사법제도라는 것 자체가 국가를 떠받치는 핵심 기둥이기 때문에 그것에 손을 대는 것은 역사 앞에 큰 범죄이기 때문입니다.

한편 중앙선관위는 공정하고 중립적인 선거관리를 책임지는 헌법기관입니다. 그러니 민주주의의 근간인 선거 관련 심판을 하는 기관입니다. 그렇기 때문에 선관위원들은 특정 이념·정파에 기울어서는 안 됩니다. 9명의 선관위원은 여당 추천이냐 야당 추천이냐와 상관없이 각자가 모두 중립적인 인물이어야 한다는 뜻입니다.

그러나 대통령은 2019년 1월 자신의 대선 캠프 특보 출신을 상임위원으로 임명했습니다. 민주당 추천위원 역시 문재인 대선 후보를 공개 지지했고, 천안함 폭침이 북한 소행이라는 정부 발표를 부정한 사람입니다. 조국 전 법무부 장관 사태 당시 "ㅇ 묻은 개가 겨 묻은 개를 나무란다."며 조 전 장관을 적극 옹호하기도 했습니다. 이런 강성 인사가 선거와 관련해서 중립적인 결정을 내릴 것이라고 기대할 수 있을까요? 선관위 중립성 논란을 일으키게 될 것이 뻔한데도 이런 인사를 단행한 의도가 무엇인지 납득이 되지 않습니다만, 확실한 것은 뚜렷한 의도 없이 이런 인사를 강행할 이유가 없다는 점입니다.

문재인 정부가 치렀던 각종 선거에서 유난히 선관위 중립성 시비가 많았습니다. 2020년 4·15 총선에서는 투표 독려 문구로 여당의 '적폐청산', '친일청산' 구호는 허용하면서도 야당의 '민생파탄' 구호는 불허하는 어이없는 수준의 편파 시비가 있었습니다. 4·7 재보선 때 역시 선관위는 여당을 연상시키는 파란색의 택시 래핑 광고를 제작했고, '보궐선거 왜 하죠?', '내로남불' 등의 문구는 쓰지 못하게 했습니다.

'아, 이러려고 부적절한 인사들을 선관위에 보냈구나' 하는 생각을 누구라도 했을 것입니다. 당장 정권에 위협적으로 다가오는 것들을 막는 방파제로 사용하기 위해 선거관리 기능을 잠깐 마비시키려는 의도였겠지만, 사실상 이런 행위는 선거관리위원회라는 국가

주요 제도를 무너뜨리는 것과 같습니다. 이 기관이 국민의 신뢰를 회복하기 위해서는 앞으로 얼마나 많은 노력을 기울여야 할까요.

자율성과 전문성 빼앗긴 전문가집단?

'우리나라가 아직 여기밖에 안 왔나' 하는 깨달음을 준 사건이 또 있습니다. 2018년 8월 통계청장 인사입니다. 정부가 시작될 때 임명한 통계청장을 불과 13개월 만에 교체했는데, 경질된 통계청장은 이임식에서 눈물을 뿌리며 소득분배 통계와 관련한 '윗선'과의 마찰을 언급했습니다. 새로 임명된 통계청장은 소득분배가 나빠 보이지만 '통계방식을 바꾸면 좋아 보일(?) 수 있다'는 내용의 보고서를 청와대에 제출했다고 합니다.

그는 통계청 표본설계 방식을 자기가 생각하는 방식으로 고치면 소득분배가 훨씬 좋게 나타난다는 주장을 청와대에 가서 폈다고 합니다. 물론 청와대 인사들은 그 얘기에 기대를 걸었겠지요. 그는 표본설계 분야의 전문가가 아니고 그의 주장 역시 학계에서 동의를 얻을 만한 내용이 전혀 아니었습니다만, 더 큰 문제는 결과를 좋게 보이게 하는 방식으로 바꾸자는 발상 자체입니다. 사실 창피스러운 얘기입니다. 아르헨티나가 물가 수준을 조작한 것은 전 세계의 웃음거리이지만, 사실 다들 마음속으로는 아르헨티나 정도 되는 나라는 충분히 그럴 수도 있을 것 같다고 느낍니다. 아르헨티나는 포퓰리즘이 판치는 나라로 알려져 있기 때문입니다.

그런데 우리나라도 크게 다르지 않다는 게 드러난 것입니다. 통계청이 정직성에 있어서 크게 문제 된 적은 과거에 없었습니다만, 문재인 정부가 기관장 인사를 통해 정치적 수단으로 통계청을 노골적으로 활용하기 시작한 것이지요.

이럴 때 '어떻게 그런 짓을 할 수가 있어?' 하고 분노하는 것보다 중요한 것은 왜 이런 일이 가능한 구조인지를 살펴보는 것입니다. 우선 소득분배 통계가 문제가 됐을 때, 경질된 통계청장을 공격한 것은 정치인들, 그리고 그들과 친분이 있는 학자들입니다. 딱히 통계학적 전문성을 갖추지 않은 교수들도 나서서 정치적 진영 논리로 통계청을 공격했습니다. 정치에 얽히기 싫어하는 전문가들이 개입을 꺼리는 틈을 타, 정치바라기들이 정치인 편에 서서 혼란만 더하는 이런 풍토는 시정돼야 합니다.

그러나 보다 근본적으로, 통계청장은 임기보장이 없는 정무직이어야 할 이유가 없습니다. 정치 상황에 따라 발표하는 통계의 수치나 범위가 달라진다면 그 자체가 문제이기 때문입니다. 국가통계의 엄중함을 이해하지도 못하고 중시하지도 않는 권력자들이 통계업무에 막대한 영향을 미치는 구조인 셈입니다. 이를 시정해 통계적 전문성을 가진 이를 등용하고 임기를 보장하는 것이 국가의 품격을 올리는 길입니다.

그런 면에서 과거의 정부들도 책임이 있다고 생각합니다. 국가의 시스템은 자질과 식견이 부족한 사람이 큰 권력을 쥐게 됐을 때도 나라가 제대로 굴러가도록 설계돼야 합니다. 과거 정권들이 전문성과 자질을 어느 정도 갖춘 사람 중에서 통계청장을 임명했기 때문에 불거지지 않았을 뿐이지 정무직으로 통계청장을 임명하는 것은 문제의 불씨를 안고 있습니다. 정치적 중립성과 자율성을 갖춰야 할 전문가의 자리를 이렇게 정무직으로 그때그때 바꿔왔다는 점에서 이제까지의 모든 정권이 공범인 셈입니다.

물론 문재인 정부의 잘못이 가장 큽니다. 과거의 유사한 관행을 근본적으로 시정하겠다고 국민들에게 약속하고 정권을 열었기 때문입니다. 환경부 블랙리스트 사건처럼 공공기관 임원을 청와대가 원하는 사람으로 임명하기 위해 서류를 조작하는 것은 과거 정부에서도 있었을 것입니다. 그러나 과거에 문제 되지 않았던 일들까지 일소하겠다며 도덕적 우월감을 과시했던 청와대가 이번에는 환경부 블랙리스트를 사과하기보다 왜 언론이 과거보다 더 엄격한 잣대를 들이대느냐며 유감을 표명했습니다.

국가를 움직이는 힘이 청와대에 모여야 하고, 청와대는 그때그때 필요에 따라 각 영역의 자율성과 전문성을 얼마든지 훼손시켜도 된다는 인식은 이제 종식돼야 합니다. 전문가집단의 자율성을 해치고, 국가의 무소불위를 견제할 수 있는 '제도'라는 보루를 부수는 것은 후진국에서나 있을 법한 일입니다.

검찰개혁과
되돌아온 화살

어지간한 사람은 평생 가도록 검찰과 맞닥뜨릴 일이 없습니다. 검찰의 일 자체가 '거악'과 싸우는 것이기 때문입니다. 그렇다면 검찰이 제 역할을 제대로 못하는 것은 하나의 거악을 활개 치게 내버려 두는 것과 같습니다. '힘 있는 세력에게 자유구역을 열어주는 것'이지요.

현재 검찰에 걸려 있는 사건 중 논란이 된 몇 가지를 보면 우리 사회 거악이 누구인지 명확해집니다. 울산시장 선거 개입, 월성 1호기 경제성 조작, 조국 전 장관 일가 범죄 종합세트, 라임·옵티머스 펀드 사기 등입니다. 여기서 거악은 두말할 것 없이 현 정권 핵심과 그 권력에 기생한 경제범입니다.

이번 정권이 검찰개혁에 목숨을 거는 것처럼 내세웠을 때, 많은 이들은 그게 정말 우리 사회의 모든 이슈를 압도할 만큼 중요한 일인가를 의심하는 마음이 없지 않았지만, 대놓고 반대하지도 않았습니다. 검찰이 가진 힘이 과도하고, 정치 편향적이라는 문제의식을 넓게 공유했기 때문입니다. 좀 더 정치 중립적이고 자신의 힘을 절제하는 신중한 검찰을 국민들이 보고 싶어 했던 것입니다.

그러나 사태는 엉뚱하게 흘러갔습니다. 그간 검찰이 권력 지향적이었던 것이 바로 청와대바라기로 행동했기 때문이니 대통령이 검찰 남용을 자제하는 게 가장 중요한 조치라는 것은 자명합니다. 대통령이 자신의 권력을 지키는 데 검찰을 써먹지 못하게 하고, 검찰의 자율성과 독립성을 보장해주는 게 개혁의 핵심이어야 하는 것 아닐까요? 그런데 정권 초기에 검찰을 적폐수사에 활용할 때는 오히려 검찰을 키워주더니, '살아 있는 권력도 수사하라'는 대통령의 덕담을 곧이 곧대로 받들어 정권수사를 시작하니 갑자기 검찰의 수족을 자르는 개혁을 시작했습니다. 대통령이 수장을 임명하는 또 하나의 무소불위 기관인 공수처(고위공직자범죄수사처)를 만들었고, 검찰의 수사권을 완전히 박탈해 무력화시키겠다고 투지를 불태우고 있습니다. 그러니 검찰개혁의 진정한 의도마저도 의심스럽습니다.

이런 게 민주주의라고!?

제 할 일을 제대로 하는 검찰을 위해 검찰개혁을 지지했던 국민들로서는 깊은 배신감을 느낄 수밖에 없습니다. 어떤 분들은 이 모든 것이 과거에 검찰이 쌓은 업보(?) 때문이라 냉소합니다. 그 말씀도 일리가 있습니다. 그러나 우리 모두가 바랐던 검찰개혁의 모습은 그런 것이 아니지 않습니까? '살아 있는 권력'에 대한 수사도 주저하지 않는 정치적 중립성을 가지고, 자기 조직의 비위에 대해서도 철저하게 점검하는 검찰을 바랐습니다. 직접수사를 줄이되, 검찰의 전문성이 필요한 분야에서는 '높은 수사 전문성을 발휘'하는 검찰 말입니다.

세상의 어느 나라도 검찰 없이는 거악을 상대할 수 없습니다. 그만큼 중요한 제도이자 기관이라는 뜻입니다. 그러나 우리는 문재인 정부 4년 동안 검찰이란 제도를 망가뜨리는 과정을 실시간으로 지켜봤습니다. 검찰개혁을 하겠다는 주체들이 도덕성이라도 있었으면 좀 돌아가고 실수하더라도 응원했을 것입니다. 과거 정권이 방치했거나 실패한 일이니 노고를 위로할 수도 있습니다. 그러나 지금 와서 보니 이전 정권보다 훨씬 더 자신들의 영달을 위해 개혁이란 구호를 써먹다가 자신들에게 화살이 돌아오니 이젠 악에 받쳐 검찰제도 자체를 부수려는 듯합니다.

"자유의 대가는
끝없는 경계다."

우리를 비롯한 후발 민주주의 국가들은 '자유민주주의적 정체성을 받아들이는 것'을 나라의 운명인 것처럼 인식하고 열성을 다해 모방했습니다. 전쟁 후, 서구식 자유민주주의 제도와 규범을 이식하는 것이 유일한 과제였던 시기가 있었습니다. 그러나 많은 후발국들이 이제는 모방으로 이식한 민주주의를 제대로 뿌리내리게 하느냐, 민주주의가 부정된 전체주의로 퇴행하느냐의 기로에 서 있습니다.

서구 민주주의가 발전해온 과정에서 민주주의를 선진적으로 작동시켜온 나라의 핵심요인을 꼽아 보자면, 결국 국가와 개인 간의 긴장관계가 아닐까 싶습니다. 유럽의 근대 국가는 종교전쟁 이후 오랜 시간에 걸쳐 종교와 세속권력의 투쟁 속에서 국가의 영역에 한계가 지어졌습니다. 진리나 도덕 같은 가치에 대해 중립적인 입장을 취하며, 공적인 질서를 유지하는 것으로 역할이 제한된 것입니다. 반면, 가치의 영역은 개인의 양심, 그리고 국가와 개인 사이에 존재하는 자율적 집단에 맡겨졌습니다.

앞에서도 말했듯이 민주주의가 '무소불위 국가'가 아닌 '제한된 국가'에 기반한다는 것은 국가 안의 수많은 자율성을 국가가 압도

이런 게 민주주의라고!?

하지 않는다는 뜻입니다. 이것 역시 결국 다원성의 존중입니다. 사법부라면 사법부 나름의 규범과 전문성을 추구하는 것이 용인돼야 국가의 전횡을 견제할 수 있습니다. 다른 민주주의 제도들 역시 마찬가지입니다. 학계와 언론도 그렇습니다.

기계적으로 정치적 중립성을 지키라고 국가가 지시하느냐가 중요한 게 아니라, 이들 영역에서 각 집단이 나름의 가치를 추구하는 것에 국가가 개입하지 말아야 한다는 뜻입니다. 그러나 스스로를 제한하고 절제하는 정부가 지금까지 우리 민주주의 역사에 존재한 적이 있었다고 말하기는 어렵습니다. 정도의 차이가 확연히 존재하지만, 과거 정부 역시 이 점에 있어서는 떳떳하지 못했습니다. 이것은 비민주적인 지도자의 전형적인 행태이기도 합니다. 자신의 길을 가로막는 독립기관들을 억압하면서 자신을 몰아내기 어렵게 만들기 위해 법제도를 훼손하는 것 말입니다.

국가가 이런 행동을 마음대로 하지 못하게 하려면, 바로 사법부와 같은 주요 제도를 돌보는 역할을 하는 기관들이 자신들의 자율성과 독립성을 지키려는 의지를 가지고 국가와 긴장관계를 유지해야 합니다. 단, 그러기 위해서는 소명의식을 가지고 전문직 규범을 수호하는 집단 내 종사자들과 그런 종사자들을 인정하고 응원하는 시민의 존재가 필수입니다. 국가와 집단, 개인이 긴장관계를 유지하며 각각의 영역을 지키는 것이지요.

이들은 서로를 밟아 없애는 악순환에 빠질 수도 있지만 서로를 지키고 가꾸는 선순환을 이룰 수도 있습니다. 예를 들어, 개인은 국가로부터 권리를 침해당하기 쉽습니다. 국가 앞에서 개인은 작은 원자처럼 무력화할 뿐이니까요. 그러나 그 개인이 집단이나 조직을 이룰 경우, 국가와 개인 사이에는 자율성을 가진 공간이 만들어집니다. 그 공간에서 개인은 자신을 최대한 개발시킬 기회를 가질 수 있고 거대한 권력을 견제할 수 있게 됩니다.

경제규모로는 세계 10위에 오른 나라입니다. 그런 우리나라의 민주주의 제도들이 지난 4년 동안 무너져내린 것은 무슨 의미일까요? 이것은 우리가 민주주의를 이식해 운영해오는 과정에서 아직도 충분히 그 가치를 체화하지 못하고 제도들을 튼튼히 가꾸지 못했다는 뜻입니다. 또한 그 제도들을 돌보고 가꿔야 하는 개인 역시 국가로부터 독립적인 사고와 내면화된 가치라는 측면에서 아직 튼튼히 정립되지 못했다고 보입니다. 그리고 민주주의가 허약하면 그것을 받치는 제도도 튼튼하지 못하고, 정치권력을 가진 이들의 전횡에 휘둘리기 마련입니다.

서구 민주주의가 200여 년 동안 달성한 일을 아직 완수하지 못했다고 의기소침할 일은 아닙니다만, 우리가 어디까지 와 있는지

직시하는 것은 중요합니다. 우리가 우리의 민주주의를 가꿔나감에 있어서 무엇이 위협이고, 어떤 정치권력이 민주주의를 파괴하는지에 대해 경계하는 것도 중요하겠지요. "자유의 대가는 끝없는 경계(Eternal vigilance is the price of liberty)"라고 하지 않습니까.

4

지금, 우리의 국격을 되돌아본다

**"제발 국민의 자존심을
지켜다오."**

국가의 역할이란 국민의 생
명과 재산을 지키고 미래를 가꾸는 것이지만, 국민의 자존심을 지
키는 것도 그만큼 중요합니다. 우리 국민의 권리를 보호하고, 그것
만큼 남의 나라 국민의 권리도 소중히 여기는 것이 원칙과 품격을
가진 나라일 것입니다. 그러나 저는 이번 정부 4년 동안 이분들이

우리를 대표한다는 사실에 때로는 참담했고, 자주 창피했습니다.

　가장 참담했던 사건은 2020년 가을, 북한이 서해에서 우리 공무원을 쏴 죽이고 불태웠을 때 우리 정부가 제대로 된 항의 한마디 안 하고 문제를 덮으려 했던 것이었습니다. '이 정부는 무슨 이유에서든 북한의 심기를 거스르지 않기 위해 기꺼이 망가지는구나. 내가 서해에 떠내려간 공무원과 같은 입장이라도 정부는 날 저렇게 버리겠구나' 하는 생각을 누구라도 할 수밖에 없습니다. 국제인권단체 휴먼라이츠워치(Human Right Watch, HRW) 역시 우리 정부가 "독립적이고 공정한 조사를 요구하는 대신 문제를 덮으려 한다."고 비판했습니다.

　국가의 품격이란 2가지 측면에서 잘 나타난다고 생각합니다. 첫째는 국가가 국민 개개인을 어떻게 대접하는가, 둘째는 국가가 다른 국가로부터 신뢰받는가입니다. 특히 '나라는 개인이 국가로부터 어떤 대접을 받는가'는 민주주의 체제에서 가장 중요한 문제입니다, 국가의 질서와 응집성을 유지하는 데 필요한 정도 이상은 개인을 구속하지 않는 것이 자유민주주의의 기본입니다. 그리고 국가가 나를 귀하게 여기고 보호할 것이라는 믿음은 국가가 제대로 유지되기 위한 최소한의 기반입니다.

　국가의 품격을 나타내는 두 번째 측면은 '우리가 다른 국가들로부터 신뢰받을 만한 국가인가'입니다. '국가'라는 단위를 형성해 우리가 살아가는 한, '개인이 국가와 어떤 관계를 맺느냐'만큼, '우리나라가 다른 나라와 어떤 위치에서 관계를 맺느냐'도 우리의 삶에 영향을 미치기 때문입니다. 국민 개인이 소중히 여겨지고 있는지, 그리고 우리 국민이 긍지를 갖고 살아갈 수 있도록 우리나라가 다른 나라와의 관계에서 떳떳하게 행동하고 있는지를 기준으로 보자면 문재인 정부의 시간은 매우 실망스럽습니다. '국민을 부끄럽게 하는 나라'가 아니려면, '인간으로서 보편적으로 말하고 추구하는 원칙을 국가가 지키고, 다른 나라와의 관계에서도 그것을 지키기 위해 노력해야' 국민이 가슴을 펼 수 있습니다.

전체주의 질타한
필리버스터

2020년 12월, 저는 필리버스터에 참여해 12시간 47분이라는 최장 기록을 세웠습니다. 당시는 공수처법을 필두로 논란이 많았던 여러 법안들 때문에 여야 갈등이 심화됐던 때입니다. 여야 간 의석수 차이가 너무 크니 사실상 법 통과를 막을 수도, 상임위에서 진지하게 논의하자고 단속할 수

이런 게 민주주의라고!?

도 없었습니다. 야당으로서는 무력감에 빠질 수밖에 없는 상황이었지요.

'필리버스터'란 다수당의 독주를 막기 위해 장시간 연설로 의사 진행을 저지하는 것입니다. 그러나 국회법상 여당에서 종결동의서를 제출하면 24시간이 지난 후 재적의원 5분의 3(180석)이 서명해 강제종료시킬 수 있습니다. 그러니 여당 의석이 180에 달하는 현재 같은 의석 구조에서 필리버스터란 해당 법안이 본회의를 통과하는 것을 하루 정도 지연시켜줄 테니 '할 말 있으면 어디 한번 해보라'는 갈등 완충장치에 불과합니다.

물론 그 내용이 언론에 잘 보도돼 여당이 얼마나 독주하는지를 알릴 수 있으면 의미 있는 견제 행위가 될 수 있습니다. 반대로 야당이 결기 있게 필리버스터를 잘 해내지 못하면 안 하느니만 못하게 됩니다. 지난해 필리버스터 때 여당이 강제종료를 하지 않겠다는 의사표시를 미리 했었는데, 이것은 야당의 필리버스터가 흐지부지될 것이라 예상했기 때문입니다. 어차피 야당이 필리버스터를 독하게 할 리가 없으니 굳이 강제종료로 자신들의 평판을 해칠 필요가 없다는 것이지요.

그런데 야당의 필리버스터는 예상보다 효과가 좋았습니다. 참여한 개별 의원들의 발언 내용이 국회방송과 유튜브를 통해 실시간으로 각 가구의 안방에 전달됐습니다. 덕분에 여당이 졸속으로 상정한 법안들의 문제가 무엇인지 많은 사람이 알게 됐습니다. 제가 최장시간 발언 기록을 세운 것도 화제성을 더했습니다. 결국 여당은 강제종료를 하지 않겠다는 말을 번복해 허둥지둥 필리버스터 국면을 끝내 야당의 입을 틀어막았습니다.

사실 저는 다른 분이 갑작스러운 방송 스케줄로 대타 발언을 부탁하시는 바람에 회의장에 오르기 몇 시간 전에야 해당 법안들의 내용을 자세히 들여다봤습니다. 그런데 의외로, 대북전단살포금지법을 들여다보니 언제나 제 머릿속을 떠나지 않았던 주제, '전체주의로 퇴행하는 우리 민주주의'와 직결됐습니다. 잘 모른다고 생각했던 필리버스터 주제는 제가 국민을 향해 가장 말하고 싶어 했던 내용이었던 것입니다. '도대체 우리의 민주주의는 지금 어떤 수준인가, 왜 우리는 국가를 창피스러워하게 됐는가'입니다. 저는 순식간에 법안에 빨려들었습니다. 법안의 문제점이 머릿속에서 순식간에 촉수처럼 뻗어올라 제가 하고 싶은 말, 해야 하는 말들을 끌어냈습니다.

이날의 제 필리버스터 발언 영상은 유튜브 채널 '윤희숙TV'에 주제별로 나뉘어 13부작으로 업로드되어 있습니다. 대북전단금지법 문제를 비롯해 민주주의, 교육, 소득주도성장, 포퓰리즘, 부동산 등 다양한 주제를 시청하시기 쉽게 10분 내외로 편집했습니다. 관심 있으신 분들은 유튜브 채널 '윤희숙TV'를 찾아주시기 바랍니

이런 게 민주주의라고!?

다. 우리 정치를 되돌아보고 미래를 그려보기 위한 작은 단서들을 보실 수 있을 것입니다.

인류 보편의 권리를 묵살한 반민주와 반인권

대북전단금지법(남북관계발전법)은 전단살포 행위에 대해 징역 또는 벌금으로 처벌할 수 있도록 하는 내용입니다. 2020년 6월 김여정 부부장이 대북전단을 비난하는 담화문을 발표하자 통일부가 4시간 만에 예정에 없던 브리핑을 열어 '대북전단살포금지법'을 추진하겠다는 입장을 밝히는 바람에 '김여정 하명법'이라고도 불립니다.

입법의도는 대북전단이 북한을 자극해 접경지역 주민의 안전을 위협하기 때문에 처벌한다는 것입니다. 그러나 정부를 비판하는 것은 표현의 자유의 핵심이며, 여기서 정부란 자국 정부뿐만 아니라 외국 정부까지 포함합니다. 그러니 우리 국민이 북한 정부를 비판하는 전단을 북한에 뿌렸다고 우리 정부에 의해 처벌받는다는 것은 터무니없는 일입니다. 북한이 이를 싫어해 자기들의 법적 규정을 만드는 것도 비난받아 마땅한 일인데, 하물며 민주국가의 국민인 우리와 우리 정부의 관계에 있어서야 말해 무엇하겠습니까?

국제사회의 인식도 그렇습니다. UN 인권사무소는 대북전단 이슈에 대해 '탈북단체의 대북전단 살포가 북한 주민에게 정보를 전하기 위한 활동이자 표현의 자유에 해당한다', '남북한 모두 표현의 자유를 보장하는 시민적·정치적 권리에 관한 국제규약을 비준했다. 이 규약은 정보를 다양한 수단으로 국경을 넘어 배포하고 받을 권리를 보장한다'는 입장을 여러 번 밝힌 바 있습니다. 정보를 전달받을 북한 주민의 권리와 보낼 남한 주민의 권리가 모두 국제규약에 의해 보장돼 있습니다. 인류 보편의 권리로 보호되고, 어디서나 마땅히 통용되어야 한다는 뜻입니다.

정부도 이 점을 의식하고 접경 주민의 안전을 들어 법을 발의했을 것입니다. 그러나 우리 헌법은 제37조에서 정부가 필요에 의해 국민의 자유와 권리를 제한하더라도 그 본질적인 내용을 침해할 수는 없다고 분명히 못 박고 있습니다.

헌법의 정신을 고려할 때, 결정적인 장애가 된다는 확실한 근거가 없는 한 제한할 수 없는 권리인 것입니다. 또한 어떤 정책적 목표가 있다 하더라도 국민의 기본권을 희생시키는 데는 극도로 신중해야 하며, 기본권이 충돌하는 경우 각 권리의 기능과 효력이 최대한 발휘될 수 있도록 조화시킬 방안이 모색돼야 한다는 것이 헌법의 정신입니다. 어떤 특정한 상황에서 어떤 권리들이 어느 정도로 충돌하는지, 인간의 기본권 및 민주주의에 대해 가지는 의미와 중요성을 고려해 개별적이고 구체적 방안이 강구돼야 한다는 것이 헌법학자들의 의견입니다.

그러나 대북전단금지법은 대북전단을 원천적으로 봉쇄했기 때문에 우리 국민의 표현의 자유를 훼손했다는 점에서 비판받을 여지가 큽니다. 법안을 대표발의했고, 외통위원장으로서 다급하게 단독처리한 송영길 의원의 발언 역시 대단히 시대착오적입니다. "표현의 자유는 얼마든지 보장된다. 탈북민들이 광화문 광장에서 문재인 대통령을 욕해도 아무도 잡아가지 않는다."란 그의 발언은 자신들이 국민의 기본권을 취사선택할 수 있다는 인식을 내비치고 있습니다. 전단을 뿌리는 것은 안 되고 광화문 광장에서 소리치는 것은 된다니, 대체 무엇을 근거로 그러한 판단을 하는 것일까요? 그리고 그러한 판단을 한낱 개인에 불과한 국회의원이 맘대로 할 수 있다고 생각하는 근거가 무엇인지 이해하기 어렵습니다.

대북전단법을 처리하는 과정에서 분명해진 것은, 이런 법을 만든 분들이 '질서유지를 위해 필요한 부분 이상으로 개인의 권리를 침해하지 않는다'는 민주주의의 기본원칙을 체화했다고 보기 어렵다는 점입니다. '북한 정권의 심기를 거스르지 않기 위해서' 너무나 자유롭게 국민의 기본권을 제한한 경우니까요.

공교롭게도 이분들은 자신들이 민주화를 위해 싸운 경력을 훈장처럼 과시하시는 분들입니다. 그런데도 북한 정권의 심기를 건드리지 않는 것을 국민의 기본권보다 훨씬 중시하고 있으니 과거 자신들이 독재와 싸워야 했던 이유가 무엇인지를 잊었거나 더 이상 무겁게 여기지 않는 것 같습니다. 국가가 무엇이고 개인과 어떤 관계를 맺어야 하는지에 대한 성찰이 전혀 없는 상태로 제멋대로 민주주의를 제한하는 법을 만들고 있습니다. 민주화 운동 경력으로 그 자리에 오르신 분들이 왜 우리 민주주의 발전을 막는 장애물이 되었을까요? 역사의 아이러니입니다.

대북전단법의 두 번째 문제는 북한 주민의 권리를 마음껏 짓밟아도 된다고 생각하는 우리 정부입니다. 자유와 평화의 메시지를 국경을 넘어 전달받을 권리가 인류 보편의 가치로 인정받고 있는데도 불구하고 우리 정부는 인권을 짓밟은 북한 정권의 하명을 받아 북한 주민의 기회를 빼앗은 것입니다. 그것이 대외적으로 국가의 평판을 어떻게 해칠지도 안중에 없습니다.

우리 정부와 뚜렷이 대조되는 사례가 독일입니다. 독일이 통일되기 전 수년간 다양한 명목으로 서독의 막대한 재원이 동독으로 넘어갔습니다. 당시 서독은 스탈린주의를 지원한다는 우방의 비난에 직면했습니다. 그럼에도 불구하고, 서독이 지금까지 국제사회에서 손가락질받지 않는 것은 '인류 보편의 원칙을 지킨다'는 방향

이런 게 민주주의라고!?

성을 유지했기 때문입니다. 경제적 지원을 개방과 민간인 교류, 정치범 석방에 직접 연계함으로써 동독 정부를 압박했고 인권문제를 지속적으로 제기했습니다. 민주국가와 독재정권 간의 어떠한 형태의 국가연합도 넌센스이며, 동독의 민주화가 선결돼야 한다는 원칙을 지켰습니다.

우리나라는 정반대입니다. 문재인 정부는 북한 주민의 권리에 어떤 관심도 보이지 않았습니다. 북한 정권이 싫어한다고 해서 인류 보편의 권리를 금지시킨 것은, 북한 인권탄압을 우리 정부가 승인한 것과 같습니다. 그런 정부가 저는 매우 창피합니다.

왜 부끄러움은
국민의 몫인가?

2021년 4월 미 의회의 초당적 기구인 '톰 랜토스 인권위원회'가 대북전단금지법과 북한 인권에 대한 청문회를 개최했습니다. 우리나라가 민주화된 이후 한국 인권을 이유로 미국 의회에서 청문회가 개최된 것은 한 번도 없었습니다. 문 정부는 청문회를 막기 위해 고액의 로비스트까지 고용하면서 전방위 외교전을 펼쳤다고 합니다만 소용없었습니다.

청문회에선 "한미 두 나라가 공유한 민주적 이상에 대해 책임져야 한다.", "인권에 대한 문제를 지속적으로 제기해야 하며, 한반도 주민의 삶을 개선하는 파트너가 돼야 한다."며 대북전단금지법이 도마에 올랐습니다. 최근 워싱턴에선 북한 주민의 인권문제를 외면하는 문재인 정부에 대해 "실망스럽고 부끄럽다.", "부도덕하다."는 분노에 가까운 말이 쏟아졌다고 합니다.

미 국무부의 인권보고서도 대북전단금지법과 탈북단체 억압을 비판했고 UN도 문재인 정부의 인권문제를 18차례나 지적했습니다. 우리 정부는 UN 북한인권결의안 제안에 3년 내내 불참했습니다. 북한인권법에 근거해 북한인권 실태를 조사하고 북한인권 증진 연구와 정책개발을 수행하는 북한인권재단도 여당이 이사 추천을 미루는 바람에 5년째 출범을 못 하고 있습니다. 인권변호사 출신 대통령의 나라가 인권에 눈감는다는 국제사회의 조롱과 비판이 거셉니다. 민주화가 된 지 30년이 넘은 나라가 이런 비판을 받다니 정말 부끄럽습니다.

한일관계도 그렇습니다. 문재인 대통령은 취임하자마자 2015년 한일 위안부 합의가 "국제사회의 보편 원칙에 위배되며 피해자 배제라는 중대한 흠이 있는 뼈아픈 합의"라고 선언하며 사실상 파기했습니다. 그런데 올해 들어 한일 합의가 "정부 간 합의인 것은 맞다."며 다시 뒤집었습니다. 그때는 틀렸고 지금은 맞다면, 그때는 왜 그렇게 생각했는지, 그렇게 뒤집은 이유와 판단 근거는 무엇인지를 밝혔어야 할 텐데 어떤 설명도 한 적이 없습니다.

이렇게 국가의 외교적 입장을 호떡 뒤집듯 한다면 국제사회에서 우리의 위상은 어떻게 될까요? 다른 나라들이 우리 정부를 보는 눈이 이전과 같다면 그게 더 이상한 일입니다. 개인과 개인의 관계에서도 이런 일이 벌어지면 낯이 뜨거울 텐데, 정부가 이런 행태를 보이니 부끄럽고 민망할 뿐입니다.

2018년에는 대법원이 강제징용 피해자들에게 일본 기업이 배상할 의무가 있다는 판결을 내렸습니다. 1965년 청구권 협정에 양국 정부가 서명했으니 대법원 판결이 이렇게 났으면 우리 정부는 외교적인 해법을 일본과 함께 모색했어야 합니다. 그러나 정부는 해법을 모색하기는커녕 별 노력도 안 하다가 일본이 경제 보복을 하자 죽창가, 토착왜구, 이순신 12척 등 대통령과 청와대 참모들의 감성 충만 발언들이 쏟아졌습니다. 총선도 한일전으로 치르겠다며 한일관계를 국내정치용으로 이용하려는 의도가 너무 명확했던 것입니다.

'다시는 일본에게 지지 않겠다'며 느닷없이 극일 구호까지 동원됐습니다. 그런 것은 마음으로 굳게 결심할 일이지, 상대방이 듣게끔 극일을 외치는 게 무슨 진심이겠습니까? 유권자에게 그렇게 보이고 싶다는 연출일 뿐이지요. 무엇보다 복잡한 동북아 정치환경과 통상환경 속에서 일본을 손절하는 건 누가 봐도 불가능합니다. 그런 뻔한 상황에서 성질나는 대로 행동하면서 사춘기 감성으로 국민을 선동하는 그런 정부를 보면서 국민으로서는 불안하지 않을 수가 없습니다.

그런데 갑자기 정부가 표변했습니다. 지난 1월 청와대는 이임하는 주한 일본대사와 대통령이 나란히 선 모습을 언론에 공개했습니다. 떠나는 일본대사를 이렇게 잘 대접하는 것은 21세기 들어서는 없었던 일이라는 게 외교가의 전언입니다. '반일이 애국'이라며 항일정부로 우뚝 섰던 정부가 "한일 양국은 가장 가까운 이웃이자 동북아와 세계 평화·번영을 위해 함께 가야 할 가장 중요한 파트너"라며 친일을 외칩니다. 갑자기 왜 그러는지 한마디 중간 설명도 없었습니다. 민망함은 왜 항상 국민의 몫입니까?

아마도 북한의 남북연락사무소 폭파와 삶은 소대가리 발언으로 남북관계가 막히자 황급히 일본의 도움을 받으려는 의도일 것이라고들 이야기합니다. '친일'로 '친북'의 활로를 개척하려는 것이지요. 그러나 최근 일본은 '강제징용 배상 판결 문제해결 없이 한중일 정상회의에 오지 마라'라며 무시 발언을 했고, '한국과 폭넓은 방위협력을 추진한다'는 문구를 방위백서에서 삭제했습니다. 일본 정부의 국내용 정치겠지만 노골적인 무시와 냉대 역시 우리 정부가 초래한 것이 크니 어디 하소연할 데도 없습니다.

따질 것은 따지면서도 미래를 위해 일본과 협력하는 일관성 있는 외교를 바라는 게 너무 큰 바람은 아닐 것입니다. 이미 1998년 김대중 대통령은 김대중-오부치 선언에서 "과거를 직시하고 21세기의 새로운 한일 파트너십을 열자."고 선언하며 한일교류를 촉진한 바 있습니다. 그 후 20여 년이 지난 지금, 왜 우리가 정부의 이런 행태 때문에 부끄러워해야 하는지 모르겠습니다.

2017년 초 성주에 배치한 사드에 대해 정의용 국가안보실장은 "사드 배치는 북한의 점증하는 위험으로부터 한국과 미군을 보호하기 위한 결정"이라 공식 발표한 바 있습니다. 그런데 그 뒤 4년이 흘렀음에도 불구하고 정식 군시설이 갖춰지지 않았습니다.

지난 3월 방한 당시 오스틴 미 국방장관은 서욱 국방장관과의 회담에서 '사드 기지를 지금같이 방치할 것이냐'며 강력히 항의한 것으로 보도됐습니다. 현재 성주 기지에서 근무하는 한미 장병들이 400명에 달하는데 막사 공사가 거의 이뤄지지 않은 바람에 이들은 낡은 골프장 클럽하우스, 컨테이너는 물론 복도나 창고에서 잘 뿐 아니라, 기반시설이 부실해 온수나 난방도 제대로 공급되지 않는다고 합니다. 이런 상황에 대해 오스틴 장관은 '동맹으로서 용납할 수 없는 일(unacceptable)이라는 표현을 써가며 항의했는데, 중국을 의식해 한국 정부가 일부러 상황을 방치하고 있는 것이 아니냐는 의구심을 내비쳤다는 것입니다. 지역주민과의 갈등이 쉽지 않은 문제이긴 하나, 4년의 세월이 흘렀으니 이런 의구심도 일리가 있습니다.

사드 배치와 관련된 중국과의 갈등은 우리 국민에게 아직 생생합니다. 그러나 우리 정부가 아직 갈피를 못 잡고 있다면, 그것은 용인될 수 있는 수준의 우유부단함이 아닐 것입니다. 2019년 주한 미국대사가 국내 언론과의 인터뷰에서 한 말은 상당히 명쾌합니다. "한국은 미국과 동맹을 맺고 있고, 미국은 한국을 방어하는 데 전념하고 있다. 중국은 북한을 방어하는 데 전념해왔다."고 말하면서 "사드 체계는 상호방어 약속에 따라 한미동맹이 내린 결정"이라는 것입니다. 다시 말해서 동맹이 존재하는 한 동맹이 내린 결정을 충실히 지키라는 것이지요. 만일 필요하지 않은 동맹이라면 종료해야 할 것이고요.

그러나 한미동맹이 이제 필요 없냐는 질문을 한다면 극단적인 견해를 가진 소수를 제외한 우리 국민 대다수는 아니라고 대답할 것입니다. 그런데도 여당 정치인 상당수가 사드 배치에 반대하고 있습니다. 그 논리는 중국을 화나게 해서는 안 된다는 이상한 내용입니다. 북한과 중국으로부터 우리 안보를 지키기 위해 미국과 안

보동맹을 맺고 있는 것인데, 그 안보의 대상인 중국의 심기를 거스를까 봐 동맹과의 약속을 지키지 않는다니 말입니다. 더구나 북한의 핵개발을 막지 않은 중국이 그 핵위험 속에 놓인 한국의 자위력을 문제 삼는 것 자체가 우스꽝스러운 일이고요.

결국 우리 정부와 정치인, 국민들이 안보동맹에 관한 정신적 혼란을 겪고 있다고 보입니다만, 이런 상황이 지속되는 것이 국제사회에서 우리의 평판을 해칠 것은 자명합니다. 그런 만큼 얼른 방향성을 정리하는 적극적인 노력이 따라야 하겠습니다. 특히 성주 기지에 거주하는 양국장병들에게 기본적 편의시설조차 4년 세월이 지나도록 구비해주지 않는 정부라면, 신뢰받는 동맹은커녕 제대로 작동하는 정부라고 볼 수 있겠습니까.

문제는 국가를 종족이라고 착각하는 것

왜 정부가 이런 행태를 보이는지에 대한 단서는 철학자 최진석 교수의 설명에서 찾을 수 있습니다. 최 교수에 따르면, 문재인 정부의 인사들은, 아니 상당수 우리 국민 역시 '국가를 국가로 생각하지 않고 정서와 상상의 공동체인 민족에 기대는 성향이 강하다'고 합니다. 국가가 무엇이어야 하는지에 대한 인식을 체화하지 못한 상태에서 국가를 가지게 됨으로써, 국가의 문제를 국가 수준에서 다룰 실력을 갖추지 못했다는 것입니다.

국가의 지도자인 대통령이 현충일 추념사에서 북한 정부 수립에 기여하고 6·25 전쟁 중 대한민국과 싸운 김원봉을 언급한 것이 대표적인 사례입니다. 국가를 위해 헌신한 인물을 기리는 현충일에 언급될 인물이 아니기 때문입니다. 충분히 공감할 만한 관찰입니다.

그러나 이상한 점은 꾸준히 발전해온 우리 민주주의가 어째서 이렇게 감성과 정서를 앞세워 보편적인 원칙을 저버리는 '부족주의'로 퇴화하고 있는가입니다. 법치에 기반해 이성적이고 보편 정당한 통치를 하고, 대외적으로도 우리를 둘러싼 국가들과 보편적 원리로 관계를 맺는 것이 당연합니다. 그런데 우리만 낭만적 민족주의에 빠져 냉정한 북한에 목을 매고 있는 형국입니다.

일례로, 2017년 3월 정의용 청와대 국가안보실장은 백악관에서 트럼프 대통령을 만나 "김정은 위원장이 비핵화 의지를 갖고 있다."고 강조했고, 이는 트럼프 대통령이 미북 정상회담을 추진하게 된 계기가 됐습니다. 우리가 김정은의 진정성을 보증 서는 것이 적절하지도 않거니와 그의 진의를 확신할 만한 근거가 있었을 것이라 생각되지도 않습니다. 더구나 이후에도 북한이 꾸준히 핵을 개발해왔으니 우리 정부는 당시 미국 등 국제사회를 상대로 김정은에 대해 '거짓 보증'을 선 셈입니다. 우리가 마치 독재정권을 미화하거나 옹호하는 것처럼 비춰질 위험, 우리나라에 대한 국제사회의 신뢰를 상실할 위험을 무릅써가면서 말입니다.

최진석 교수의 표현을 빌리자면, '국가의 수준이 아닌 부족 수준에서 이 문제를 다루고 있다는 것'이 명확히 드러난 것입니다.

우리가 바라는 품격 있는 나라는?

언젠가 가수 밥 딜런에 대한 영화를 본 적이 있습니다. 전혀 다른 6명의 배우가 밥 딜런이라는 한 인물의 여러 인격을 연기했습니다. 사회운동가, 은둔자, 일탈자 등 한 사람 안에 다양한 인격이 존재할 뿐 아니라, 어떤 이에게는 날라리로 기억되고, 어떤 이에게는 진지한 혁명가로 기억되는 등 완전히 다른 인격체로 타인에게 인식될 수 있다는 내용이었습니다. 누구든 여러 가지 자아를 가지고 있다는 것입니다.

한 정신과 교수 선배와 그 영화에 대해 이야기를 나눴는데, 그

대화는 결국 '품격이란 무엇인가'로 번졌습니다. 그 선배에 따르면 인간은 누구나 영화가 말하듯 다양한 인격을 가지고 타인을 대한다는 것이었습니다. 배우자를 대하는 얼굴, 자녀를 대하는 얼굴, 직장상사나 친구를 대하는 얼굴이 판이하다는 것이지요. 그러나 그 판이함들을 자신을 관통하는 본질 안에 조화시켜 일관성을 유지하는 것이 바로 심리학에서 말하는 '인테그리티integrity'라는 것이었습니다. 부하직원에게는 까칠하기 그지없고 야비하게 구는 사람이 상사에게는 입안의 혀처럼 군다면 도저히 같은 사람이라 생각되지 않을 것입니다. 이런 사람은 인테그리티가 없는 사람이겠지요.

'인테그리티'는 우리말로 진실성, 무결함, 고결함, 통합성 등으로 번역되지만 한 번도 그 어감을 정확히 느끼지는 못했었습니다. 그러다가 그 대화를 통해 저는 '아!' 하는 느낌을 받았습니다. 한 사람 안에 공존하는 다양한 모습들이 서로 모순되지 않고 의미 있게 연결되어 일관성 있고 통합적인 모습을 갖는 것 정도가 되겠지요.

'품격 있는 나라' 역시 바로 그것이 아닐까 싶습니다. 사람을 귀하게 여기는 원칙을 일관성 있게 준수하는 나라, 강한 나라에도 비굴하지 않게 협력하고 약소국에도 함부로 횡포 부리지 않는 나라 말입니다. 우리가 다음 세대에게 세상을 사는 원칙이라 가르치는

이런 게 민주주의라고!?

것들이 우리 삶에서 구현되는 것, 적어도 그것을 구현하기 위해 애쓰는 것이 개인의 품격인 것처럼요. 사회시간에 가르치는 민주주의의 기본원칙을 국가가 국민에게 철저히 보장하고, 다른 나라에 대해서도 그 원칙을 일관성 있게 지키는 모습이 우리가 그리는 품격 있는 나라입니다.

문재인 대통령이 2017년 베이징대학 연설에서 중국은 "높은 산봉우리와 같은 대국"이며 한국은 "작은 나라"라 칭했습니다. "마오쩌둥의 대장정에 조선 청년이 함께 했듯 중국과 함께 하겠다."고도 했는데, 아마 그 이야기를 듣고 자랑스럽게 느낀 국민은 없었을 것입니다. 국내에서는 툭하면 K 어쩌고 하면서 별 근거 없는 사안에서도 우리를 높이기 일쑤인 정부가 밖에 나가서는 상대를 높이는 데 그치지 않고 아무 이유 없이 우리를 낮춥니다. 심지어 패권주의적 국가에 복속되겠다는 식으로 말합니다. 한 나라의 대통령이 그렇게 말하는 것을 품격 있다고 보기는 어렵습니다. 삼배고두三拜叩頭 해야 했던 인조 같은 상황도 아닐진대, 우리 대통령이 왜 남의 나라에 가서 이 정도까지 자발적으로 조아려야 하는지 모르겠습니다.

한국이 세계에서 가장 힘센 강대국이길 바라기는 어렵겠지만, 우리 국민 누구라도 우리나라가 합리적이고 일관성이 있으며 자

국민과 타국민 모두의 인권을 중시하는 품격 있는 나라로 신뢰받기를 원합니다. 그것은 일찍이 김구 선생께서 '아름다운 나라'라 표현하기도 했습니다만, 그렇게 국제사회의 신뢰와 존중을 받는 품격 있는 나라야말로 그런 소프트 파워를 장착한 강한 나라일 것입니다.

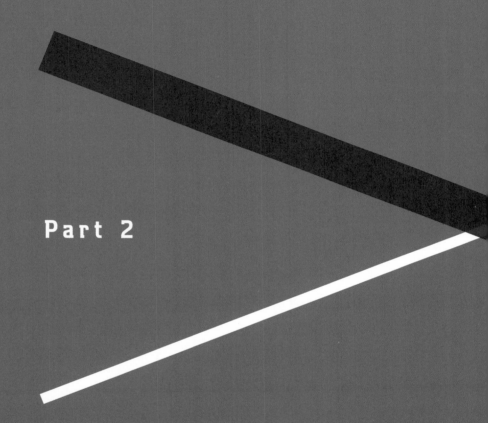

Part 2

품격 있는 나라의 국민이고 싶다

5

정치가 키운 젠더 갈등

남혐과 여혐은
어디서 솟았나

수년 전부터 '남혐', '여혐' 같은 말이 자주 들립니다. 많이 들어온 '성차별'이나 '차별시정' 같은 말은 문제를 지적하거나 개선하자는 의도가 얼른 드러납니다. 그런데 그게 아니라 여성 전체 혹은 남성 전체에 '혐오'라는 단어가 붙는다는 것은 그 자체가 낯선 일입니다. 누가 뭘 잘못해서 미운 게 아니라, 집단 전체가 그냥 싫다는 이 단호한 거부의 감정은 어찌 봐도 바람직하지 않습니다. 기성세대로서는 '어딘가 잘못됐구나' 하는 마음이 드는 게 사실입니다. 더구나 과거 우리 현대사가 망국의 지역감정으로 점철됐던 것을 생각하면, 이런 갈등을 증폭시켜 써먹으려는 정치세력에 활용될까 봐 걱정이 더욱 깊어집니다.

소위 '이대남'과 '이대녀' 갈등으로 불리는 현재 상황에 대해 가장 간단하게 요약된 내용을 찾아보면, 공통적으로 이렇습니다. '예전의 꼰대 남성들과 달리 지금의 20대 남성들은 여성을 차별할 힘을 가져본 적도 없고, 우월적 위치에 있어본 적도 없다. 그런데 왜 채용이나 창업에 있어 정치권력은 여성을 끌어올려 공정한 경쟁을 방해하는가'입니다.

대학진학이나 취업에 여성이 남성보다 어려움을 겪는 현상은 현저히 약화되었고, 사실상 각종 가산점 제도는 이제 의미가 없어졌다는 데 많은 이들이 동의할 것입니다. 그렇다면, 청년 채용에 관련한 각종 할당이나 가산점 제도를 재검토해 정비할 필요성이 있는지는 들여다볼 만한 일입니다. 단, 좀 더 나이 든 세대들에 대해서는 과거의 구조적 차별의 영향이 여전히 남아 있을 수 있기 때문에 한데 묶을 일은 아니라고 생각합니다.

즉, 20대들의 문제제기는 세대별로 처한 조건이 다를 수 있다는 점을 감안해 기존의 양성평등 제도들을 재정비하자는 주장이며 충분히 일리가 있는 내용입니다. 격렬한 갈등이 연루될 이유가 없어 보일 정도로 합리적 주장입니다.

그런데 20대 자녀를 둔 친구들이 공통적으로 말하는 '갈등의 보편성'은 기성세대의 시각이 지나치게 안이하다는 생각을 들 정도로 걱정스럽습니다. 극히 일부의 젊은이들이 다른 성에 대해 거부감을 갖는 정도가 아닙니다. 평균적인 20대들 사이에도 성별 간 갈등 수준이 상당히 높습니다. 성차별과 관련한 갈등을 겪으면서도 서로 어찌어찌 화해하며 살아온 부모세대로서는 낯설기도 하고 걱정도 됩니다.

사실 예전에는 페미니즘에 대해 별로 좋지 않은 인상을 갖고 있더라도 그 명분과 취지까지 부정하는 사람은 거의 없었습니다. "난 그게 어쩐지 싫어." 하는 사람은 간간이 있었지만, "그건 옳지 않아. 존재하는 게 악이야."라고 하는 경우는 보기 어려웠다는 뜻입니다. 그만큼 여성해방, 양성평등을 추구하는 페미니즘이 그간의 역사에서 기여한 부분이 있고, 그것을 인정받고 있었다는 것이지요. 하지만 요즘 '반反페미'를 자처하는 젊은이들이 이렇게나 많아진 것은, 우리나라의 페미니즘이 최근 와서 왜 이렇게 미움받게 됐는지를 생각해보게 합니다.

품격 있는 나라의 국민이고 싶다

언뜻 페미니즘의 문제이거나 젊은이들의 문제라 생각하기 쉽습니다. 그런데 왜 이렇게까지 됐을까 들여다보면, 정부의 사려 깊지 못한 페미니즘 구호와 생색이 제일 큰 원인이 아닐까 싶습니다. 젊은이들이 처한 삶의 조건이 팍팍해지고 여유를 잃었기 때문이라 생각하는 분들도 있지만, 그것이 반드시 성간 갈등의 격화로 나타날 이유는 없습니다. 우리나라에서 최근 들어 이런 현상이 심해지는 것은 좀 더 분명한 촉발점이 있었기 때문이라 추측됩니다.

한 가지 확실한 점은 젊은이들로 하여금 다른 성을 혐오하게끔 부추기는 정치는 멈춰야 한다는 것입니다. 양성평등이 추구하는 바가 무엇인지, 변화하는 세상 속에서 개선해야 할 부분이 무엇인지에 대한 공동체 차원의 성찰이 필요합니다. '화석화된 구호'로 남녀 갈등을 부추기는 것은 서로 돕고 사랑해야 할 젊은이들의 삶과 우리의 미래를 파괴하는 것입니다.

여성이면 무조건 여성의 롤모델?

장관 후보자가 지명되면 국회는 인사청문회를 준비합니다. 그런데 청문회가 순탄치 않으리라는 것을 아주 일찍부터 알게 되는 경우가 있습니다. 제보 문자가 쇄도하는 경우지요. 한두 개라면 개인적으로 악감정을 가진 사람도 있겠거니 하겠지만 제보가 줄을 잇는다면 뭔가 문제가 많은 후보라고 잠정적인 판단을 내리는 게 자연스럽습니다.

지난 5월 임혜숙 이화여대 교수가 과학기술부 장관 후보자로 지명받은 당일부터 제 전화기에는 각종 제보가 몰려들었습니다. 과학기술계에 종사하는 많은 지인이 여러 가지 의혹과 평가를 보냈습니다. 여러 가지 의혹 중에서도 남편의 승진요건을 채우는 기간 동안 제자와의 논문에 남편 이름을 18번이나 공저자로 올렸다는 논문 내조 의혹은 압권입니다.

그런데 인사청문회 후, 문 대통령은 '성공한 여성의 롤모델'이 필요해 장관 임명을 강행하겠다는 의사를 밝혔습니다. 이게 도대체 무슨 얘기인가 싶었습니다. 도덕적 흠결이 전국적으로 알려진 교수가 어째서 여성의 롤모델이 될 수 있을까요. 젊은 여성들이 모두 장관 자리에 목매고 있고, 어떤 흠결을 가졌는지와 상관없이 과기부에 여성 장관을 임명하면 후학들이 무조건 고위공직자의 로망을 가질 것이라고 오해를 했는지, 아니면 자리 욕심이 아닌 자존심을 가진 여성을 만나본 적이 없었는지 모르겠습니다.

어떤 여성이든 관계없이, 무조건 여성을 편들고 높이는 게 페미니즘이라는 식의 태도는 열심히 사는 남녀 젊은이 모두를 화나게

　　　품격 있는 나라의 국민이고 싶다

합니다. 사회가 발전함에 따라 차별의 맥락이 변화했기 때문입니다. 남녀의 차이보다 개인 간의 차이가 더 중요해진 영역이 많습니다. 이런 영역에서는 어떤 개인인지가 중요하지, 여성이라 무조건 괜찮다는 논리는 갈등만 키울 뿐 아무런 설득력을 갖지 못합니다.

70% 넘는 국민이 부적절하다고 생각했던 과학기술부 장관 후보자를 사퇴시키고 모두가 납득할 만한 후보자를 열심히 찾는 노력을 기울였다면, 남녀가 서로를 인정하고 존중하게 한다는 할당제 본연의 정신이 돋보일 수 있었을 것입니다.

또 다른 사례를 하나 들어보겠습니다. 지난 5월 21일 백악관에서 열린 한미정상회담 후 공동기자회견에서 문재인 대통령은 기자의 질문을 받아야 할 차례에 "우리 여성 기자들은 왜 손 들지 않습니까?"라 물었습니다. 6초가량이 정적이 흐른 후, 그는 다시 물었습니다. "아니, 우리 한국은 여성 기자들이 없나요?" 다시 16초의 정적이 흐르는 동안 바이든 대통령을 비롯해 양국의 고위관료들은 한국 기자단을 힐끗거렸다고 합니다.

문 대통령은 손 들어 질문하는 과정에서 왜 한국의 여성 기자들이 차별받고 있다고 생각했을까요? 자발적으로 손 들어 질문하는 구조였다는 걸 보면, 여성의 소극적인 자세가 안타까워 기를 살려주려고 했을 수도 있겠습니다.

언론계에 뿌리 깊은 남녀차별 관행이 존재했고, 이런 대통령의 언행이 차별 관행에 좋은 자극을 줬다면 긍정적일 수도 있습니다. 그런데 기자라는 특정 직종 내 성차별 정도가 얼마인지, 기자회견 질문 순서에서 여성 기자들이 불이익을 받는지는 그 직종에 종사하는 당사자들이 아니고서는 알 수 없는 일입니다. 그런 이유로 여성 기자들의 반응이 궁금했지만, 기자회견 이후 여성 기자들이 쓴 칼럼에서 이 사건을 긍정적으로 다룬 경우는 찾기 어려웠습니다. 이것만 봐서는 대통령의 괜한 오지랖이 아니었나 하는 의심이 듭니다.

그런데 별생각 없는 오지랖이라도 그게 대통령이라면 가볍지 않습니다. 특정 직종 내 남녀차별의 존재와 정도에 관한 정확한 지식도 없이 무조건 '여자는 차별당하고 있음이 틀림없어. 시정해야 해'라는 고정관념에 대통령이 사로잡혀 있다면 많은 반발과 역차별을 초래할 것이기 때문입니다. 게다가 이러한 고정관념 속에서는 당사자들이 어떻게 느낄지는 중요하지 않아 보입니다.

특히 이 사건에 대해 남녀 기자들과 얘기해보며 느낀 것은 언론계 역시 고위직에 남성들이 포진해 있기 때문에 부지불식간이라도 여성들에 대한 차별적 관행이 암묵적으로나마 존재한다는 공감대였습니다. 차별이 비공식적이고 암묵적일수록 이를 해소하기 위해서는 갈등 지점을 분명히 밝히고 소통하되 상대방의 선의나

품격 있는 나라의 국민이고 싶다

공평함에 대한 신뢰 기반이 필요합니다. 그런데 권력자의 개입이 사려 깊지 않고 근거에 기반하지 않는다면 문제를 해결하기보다 갈등을 심화시키기 십상입니다. 특히 권력이 여성을 끌어올려 준다는 불만이 젊은 남성들에게 만연해 있고 그것이 불필요한 젠더 갈등을 심화시키는 상황에서는 더욱 그렇습니다.

여성 할당, 공감과 공정 사이

4·7 보궐선거 후 한 청년 정치인은 20대 남성의 표가 국민의힘에 몰렸던 이유를 "정권이 페미니즘에 올인하다 나온 결과"라고 분석했습니다. 그는 이공계 여학생 비율이 20%인데 국가장학금의 35%를 칸막이 세워 여성에게 할당하는 룰을 대표적 역차별 사례로 문제 삼았습니다.

놀라운 점은 이 주장에 대해 많은 기성세대 남성들이 격렬한 반대를 했다는 점입니다. 저 역시 여성의 한 사람으로서 여성의 어려움을 공감해주는 이들에 대해 감사한 마음이 없지는 않았습니다만, 솔직히 "왜?" 하는 의문이 들었습니다.

지금은 야당의 대표가 된 이 청년 정치인의 주장은 이공계 대학생들은 이제 남녀가 공정하게 경쟁할 수 있는 환경에 도달했으며, 그렇기 때문에 칸막이 우대가 필요 없다는 내용입니다. 그가 차별이 이제 존재하지 않는다는 구체적 근거를 들었다면 더 좋았겠지만, 차별이 없다는 근거를 제시하는 것은 차별이 있다는 근거를 제시하는 것보다 원래 훨씬 어렵기 때문에 좀 아쉽긴 해도 수긍이 갔습니다.

그렇다면, 그의 주장에 동의하지 않는 이들은 이공계 남녀 대학생에게 아직도 직접적이거나 구조적 차별이 존재한다는 증거를 제시하며 반대해야 이 논쟁이 발전적으로 이루어질 수 있습니다. 그런데 많은 이들은 이런 근거 제시 없이 그의 주장이 '기계적 공정만 추구할 뿐 구조적 불평등을 시정하는 제도적 장치를 없애려 한다'며 비판했습니다. 어떤 분야이든, 어떤 연령대든, 남녀차별이 없을 수가 없다는 강력한 믿음을 붙잡고 있는 것 같았습니다.

50대 여성의 입장에서 볼 때 할당의 문제는 단순하지 않습니다. 제가 여고 3학년 때 윤리 선생님은 서울대에 지원하겠다는 학생들을 수업시간에 대놓고 야단쳤습니다. 그분의 말씀이 지금도 생생합니다. "여자는 가방을 들고, 대학에 왔다 갔다만 하면 된다. 좋은 대학에 갈 필요는 전혀 없다. 어차피 가정을 돌볼 것이니 적당한 여자대학에 진학해 착하게 나이 드는 것이 최선이다."는 취지였습니다.

품격 있는 나라의 국민이고 싶다

그런 교육을 여학생들이 받았던 것이 바로 구조적 차별입니다. 동기부여는커녕 입시생의 의욕을 꺾는 교육환경 속에서 어지간한 여학생들이 독하게 자신을 향상시키는 것은 정말 어려웠습니다. 입시단계에서의 명시적인 차별은 없었지만, 남녀가 공정하게 경쟁하는 것을 적대시하는 문화 속에서, 이런 차별은 대학교육 이후 사회생활의 각 단계에 포진해 있었습니다.

그러니 이런 구조적 차별을 견디며 자기 영역에서 묵묵히 일하고 있는 여성을 고려해 가산점이든 자리 할당이든 특정한 장치를 내장함으로써 이들의 기회를 확대하는 것이 실질적 공정이라고 보는 견해에 저는 상당 정도 찬성합니다. 그러나 그것 역시 구체적 사실과 조직 구성원들의 공감을 불러일으켜야 합니다. 궁극적인 목표가 양성평등과 화합인 이상, 한쪽 성이 근거 없이 우대받는다는 다른 성의 불만은, 그것이 비록 선입견에 불과하다 하더라도, 장기적으로 양성평등이라는 목표를 달성하는 데 도움이 되지 않습니다. 당사자들이 어떻게 느끼는지와 동떨어진 강제적 규제는 그간 현장에서 역풍을 초래하곤 해왔습니다. 그런 만큼 우리가 차별 없는 세상을 만들고 싶을수록 구조적이거나 직접적인 차별이 어느 정도인지 근거를 가지고 논의해야 합니다.

반면, 요즘 중고등학생들이 공부하는 과정에서 남학생과 여학생

간 구조적 차별이 있다고 느끼는 분은 많지 않습니다. 여성의 대학 진학률이 남성을 추월한 지 오래입니다. 그게 아마 20대 남성들이 국가장학금의 여성우대 구조에 불만을 느끼는 중요한 이유가 아닐까 싶습니다. 그러나 이공계의 학업 환경에 남녀에게 차별적 구조가 존재하고, 대학공부를 함에 있어 여학생이 실제로 불리한 점이 있는지는 유심히 들여다볼 문제입니다.

아울러 대학 이후의 경력에서도 여성 공학도가 어떤 구조적 차별에 직면하는지를 구체적으로 파악해서 펼쳐놓아야 무엇이 문제이고 어떻게 접근해야 할 것인지 사회 내 공감대를 넓힐 수 있습니다. 선험적인 각자의 믿음으로 정책적 제안을 지지하거나 무시할 일이 아니라는 뜻입니다. 여학생에게 장학금 기회가 더 많아야 하는 근거가 무엇인지를 가지고 건설적인 논의를 했으면 좋겠습니다.

세상은 변화하고 있고, 그 안의 세부적인 부분들은 각각 다른 속도로 변합니다. 때문에 일정 기간만 살펴보면, 변하는 부분과 변하지 않는 부분이 혼재돼 있습니다. 아무리 취지와 방향성에 공감한다 하더라도, 정책적·제도적 대응은 각 부분을 잘 살펴 모두에게 공정하도록 설계해야 한다고 생각합니다.

품격 있는 나라의 국민이고 싶다

차별에 대한 공정한
자세는 무엇인가?

        대학에서 남녀 임금차별을 가르칠 때 가장 어려운 점은 노동시장 진입 이후의 차별과 노동시장 외부에서 발생해 임금수준에 영향을 미치는 구조적 차별을 혼동하는 학생이 많다는 점입니다. 이 2가지를 구분하는 것은 정책적으로 매우 중요합니다.

  만약 같은 직장에서 생산성이 같은 남녀의 임금을 직접 차별한다면, 이것은 직접적인 감시와 제재를 동원해 개선시켜야 할 '임금차별'의 문제입니다. 그러나 가령 종사하는 산업이나 근속연수가 달라서 남녀 간의 임금이 차이 나는 것이라면, 이것은 훨씬 더 복잡하고 구조적인 문제입니다. 기업을 제재할 문제는 아니라는 뜻입니다.

  예를 들어, 인적 스펙이 똑같은 근로자라도 노동강도가 높아 육아에 불편한 산업을 여성이 기피하거나, 출산과 육아로 근무연수가 적어 여성이 남성보다 임금이 적다면, 이것은 임금차별이라 부르지 않습니다. 여성가족부가 매년 남녀 임금수준을 단순비교해 발표하는 것에 대한 비판이 많은 것은 이런 이유입니다.

  그렇다고 경제활동과 관련해 남녀차별이 없다는 얘기가 절대 아닙니다. 출산과 육아로 근무연수가 남녀 간에 크게 차이 나는 것은 사업장 특성이나 가정 내 분업구조가 여성에게 불리하기 때문일 가능성이 높습니다. 노동시장 안에서만 보면 자발적 선택의 결과인지라 '임금차별'이 아니지만, 노동시장을 둘러싼 더 넓은 환경을 고려하면 사실상의 구조적 차별입니다.

그러니 이런 요인들을 여성을 좌절시키지 않는 방향으로, 출산과 육아가 좀 더 용이해지는 방향으로 개선하는 것은 매우 중요하고 어려운 과제입니다. 단 문제가 무엇인지에 따라 각각을 해결하는 다른 노력이 필요하다는 것입니다.

이대남과 이대녀의 갈등을 이해하기 위해 젊은 청년들에게 의견을 구했습니다. 그 자리에서 20대 여성 한 분이 이런 말을 하더군요. 20대 남성들이 지금 여성 우대적인 제도를 없애라고 주장하는 것을 보면 억울하다는 것이었습니다. 마음 놓고 밤길을 다니지도 못하고, 슈퍼에서 배달을 오는 이에게 혼자 사는 모습을 보이지 않기 위해 남자 신발을 구해다 놓은 여성의 고단함은 어디서 보상받느냐는 것이지요. 저도 이런 억울함과 분노에 깊이 공감합니다.

그러나 여성이 경제활동을 하는 데 구조적인 어려움을 존재할 때는 그 어려움 자체를 해소하려는 고유의 노력이 요구됩니다. 여성이 직장에 채용된 후에 사회생활 하는 데 여러 가지 불리하고 고

품격 있는 나라의 국민이고 싶다

단한 점이 많으니 모든 여성의 임금을 일괄적으로 올리자거나 채용에서 가점이 주어져야 한다고 하면 설득력을 갖기 어렵습니다. 한 지점의 고단함을 다른 지점에서 보상하면 억울한 사람이나 이유 없이 혜택받는 사람이 생기기 때문에 그렇습니다.

바른 방식은 개별적인 경우를 살펴 그 안에서 발생하는 문제를 각각 대응하는 것입니다. 여성 안전의 문제는 여성에 대한 고려가 부족한 치안 문제를 개선하고, 채용과 취업에서 어려움을 주는 구조적 문제를 해결하고, 임금결정에 있어서는 생산성이 같은 데도 다르게 임금이 책정되는지를 먼저 살필 일입니다.

권력형 꼰대가 갈등을 부추긴다

예전부터 존재했던 사회적 문제 중에는 구체적인 형태는 변하면서도 그 본질이 변하지 않고 지속되는 문제들이 많습니다. 젠더 갈등 역시 그렇습니다. 예를 들어, 일·가정 양립, 경력단절, 저출생, 시부모와의 관계, 성추행, 고령사회 등 다양한 측면에서 여성들은 고단함을 호소하고 있습니다. 인생의 거의 모든 단계와 단면에서 맞닥뜨리는 젠더 갈등 문제는 단지 이대남과 이대녀의 갈등으로 좁혀질 수 없는, 훨씬 더 넓고 복잡한 차원의 문제와 얽혀 있는 것입니다. 그러니 각 세대가 자신의 관점과 가치관을 가지고 문제해결에 참여하되, 내 경험을 넘어선, 다른 세대와 다른 계층의 어려움에 대해 균형 잡힌 시선을 유지하려 노력하며 구체적 해답을 찾아가는 것이 필요합니다.

그런데 젊은이들이 말하는 것을 듣고 있노라면, 세상이 얼마나 빨리 변했고 지금도 급속하게 변하고 있는지에 매번 깨달음을 얻는 것이 사실입니다. '라떼는 말이야'를 하지 않으려고 노력하지만 툭하면 나옵니다. 좋은 마음에서 말해준 거라고 우겨봐도 듣는 이들의 반응은 별로 좋지 않습니다. 우리나라처럼 빨리 발전한 나라는 세대 간의 경험과 관점이 천양지차일 수밖에 없습니다. 그러니 자신의 관점을 강요하지 말고, 상대의 의도를 잘 들은 후, 그것이 어떤 근거에 기반했는지를 살펴보고 그것이 자리한 넓은 맥락을 고심해보는 것이 필요하지 않나 싶습니다.

오히려 '어디든 남녀차별이 없을 수가 없어' 하면서 영향력 있는 사람들이 한쪽 편을 들기로 미리 마음먹는 것은 별로 도움이 될 것 같지 않습니다. 이렇게 세상이 빨리 변하는 이상, 누군가 문제를 제기하면 선입견 없이 관찰하고 진지하게 검토하는 자세가 중요해졌습니다. 특히 권력자의 선입견과 고집은 젠더 갈등, 세대 갈등의 화약입니다.

양성평등 운동의 순수성과 여성단체의 신뢰성을 회복하는 것도 필요합니다. 여성단체들은 성추행 사건이 발생했을 때 마치 진영 논리에 따라 다르게 대응하는 것처럼 행동했습니다. 그러니 권력과의 유착을 의심받는 것입니다. 여성계 출신 정치인은 가해자인 박원순 전 시장 측에게 정보를 전달한 것이 드러났고, 주무부처인 여가부는 평소 남성들에게 고압적이고 가르치려는 태도로 일관하면서 정작 권력형 성추행 사건에서는 방관자적인 자세에 머무른다는 지적을 받았습니다. 양성평등이라는 사회적 목표에 대한 이해를 넓힐 책임이 있는 이들이 앞장서서 신뢰를 깎아 먹고 갈등을 키운 셈입니다. 관련 공무원, 정치인, 단체들이 자신을 돌아보고 회복해야 할 것을 회복하고 겸허함을 되찾기를 바랍니다만, 이들이 마음 놓고 이렇게 행동할 수 있었던 구조를 파악해 수술하는 것 역시 중요합니다.

6

거짓 공정, 작은 공정, 큰 공정

공정이란
무엇인가?

지금 우리 시대의 화두는 뭐니 뭐니 해도 '공정'입니다. 놀라울 정도로 넓고 깊은 공감대가 형성돼 있습니다. 덕분인지 때문인지는 애매하지만, 어쨌든 불공정의 상징이 돼버린 조국 전 장관이 이 화두를 띄웠습니다. 조국 사태가 불거진 2019년 한 해 동안 온라인에서 언급된 정치 분야

품격 있는 나라의 국민이고 싶다

키워드의 57%가 '공정'과 '정의'였다고 합니다.

그러나 정작 '무엇이 공정인가'라는 질문에 대한 답은 어쩐지 석연치 않습니다. '부모가 표창장을 위조해 의사가 되는 것을 막는 거냐, 반칙 없는 경쟁을 보장하는 절차적 공정성이면 충분하냐'고 물으면 답을 망설이는 분들이 많습니다. 그런 것도 같고 아닌 것도 같습니다.

왜 그럴까요? 조국 전 장관 가족의 전설적인 이야기가 온 나라를 뒤흔들기 전부터 우리 사회가 공정하지 않다는 문제의식들이 부글부글 끓고 있었기 때문입니다. '기회는 평등하고 과정은 공정하며 결과는 정의로울 것'이라는 문 대통령의 아름다운 취임사가 왜 그리 국민을 감동시켰을까요. 이유는 단 하나입니다. 공정에 대한 국민의 갈증이 심했던 것이지요.

취임사 내용은 결국 '거짓 공정'에 불과한 것으로 밝혀졌지만, 원래 우리가 갈구했던 것이 무엇인지를 찾아내는 것은 여전히 중요하다고 생각합니다. 그 과정에서 조국 전 장관의 존재는 중요한 조각이긴 하지만 전체는 아닙니다.

공정이 무엇인가라는 질문에는 2가지 대답이 필요합니다. 첫 번째는 일단 경쟁이 시작되면 반칙이 허용돼서는 안 된다는 원칙입니다. '작은 공정'이라 하겠습니다. 그게 누구든 경쟁 과정에서 편법이나 특별대접을 허용해서는 안 된다는 것은 새삼 말할 필요도 없는 당연한 것이지만, 이 정부 들어 연일 뉴스가 터지면서 대단한 원칙이라도 되는 것처럼 화제가 됐습니다.

'반칙'에 대한 국민적 예민함이 증가하는 것도 새로운 현상입니다. 나라 경제를 잘못 운영할수록 예민함도 더 증가합니다. 기회가 줄어들수록 남들이 편법과 반칙으로 날아오르는 것이 더 절망스럽기 때문입니다. 특히 지금 젊은이들은 배울 만큼 배웠으나 앞날에 보장된 것이 아무것도 없습니다. 게다가 한순간의 선택이 인생 경로에서 회복 불가의 차이를 만들어버릴 수도 있다는 불안에 둘러싸여 있습니다.

예를 들어, 집 사지 말라는 정부의 말을 믿은 30대 청년이 몇 년 전 대출로 조그만 집을 마련한 동료를 보며 지금 느끼는 절망감은 상상하기 어렵습니다. 그러니 그나마 '노력한 만큼 가시적인 결과가 나온다'고 생각하고 의지처로 삼아온 각종 시험과 면허의 공정성은 극도로 중요해집니다. 그것까지 반칙으로 망가뜨리는 것은 절벽 같은 시대를 살아가는 젊은이들에게 마지막 기댈 곳을 부숴버리고 진흙탕을 끼얹는 것과 같습니다. 그러니 '반칙과 특혜 없는 경쟁'을 뜻하는 공정은 작긴 하지만 정말 중요한 공정입니다.

두 번째 차원은 '보다 나은 사회가 무엇이며 우리 안의 좋은 모습을 어떻게 찾을 것인가'에 대한 의논에 가깝습니다. 딱히 정답이 존재한다기보다 우리 시대의 문제를 가장 잘 해결할 수 있는 길을 찾는 노력입니다. 그리고 이것은 경쟁 과정에서 규칙을 준수하는 것 정도에 그치는 것이 아니라, 기회의 균등과 분배, 공동체 의식까지 포함하는 본질적이고 철학적인 내용이니 '큰 공정'이라 부르겠습니다.

10여 년 전 하버드대 마이클 샌델 교수의 책 《정의란 무엇인가》가 베스트셀러로 등극한 이후 활발한 논의가 시작되는 것 같았습니다. 그런데 조국 사태 이후 공정에 대한 논의는 '작은 공정'의 문제로 급격히 좁아졌습니다. 이 점은 사실 아쉬운 대목입니다. 권력층의 반칙과 특권이 너무도 적나라하게 드러나면서, 우리 사회가 어떻게 앞으로 나아가야 하는지에 대한 선한 고민들이 분노로 가득 찬 단발성 외침들로 전환돼버린 것입니다.

이제 더 넓은 시각에서 조국 장관 이전에 우리가 글로벌 금융위기 즈음에 무엇을 우려했었는지를 다시 찬찬히 검토할 필요가 있습니다. 이번 정부가 망쳐놓은 것만 원상복귀 하는 것으로 끝나서는 안 됩니다.

반칙과
특권

아무리 고상하게 포장을 하려 해도 문재인 정부에는 국민들 혈압을 올리는 반칙과 특권 사례가 차고 넘칩니다. 더구나 최고위직에 있는 사람들이 저지르기에는 너무나 치졸한 반칙들인 데다 유달리 더 화려한 말들을 많이 했던 인물들인지라 배신감이 주는 각인 효과가 대단합니다.

아빠 찬스, 위조, 부정입학과 같은 단어들을 공정에 대한 사회적 담론의 중심에 올려놓은 조국 전 장관의 가족들이 우리 사회에서 정말 특이하고 유별난 경우인지 아닌지는 분명치 않습니다. 그러나 청와대 민정수석이었고, 법무부 장관에도 오른 인물의 행적치고는 '공적 인물'로서의 자각은커녕, 대학교수로서, 아니 보통 사람이 당연히 지키는 윤리의식도 희박했던 것 같습니다. 더구나 대통령까지 조국 전 장관에 대한 마음의 빚을 얘기하며 미안해한 것을 보면, 국민들이 분노한 지점이 어디인지 도무지 이해를 못 할 정도로 이 집단의 '우리는 예외' 의식은 대단했던 것 같습니다.

문재인 정부 인사들의 부동산 반칙도 낙담한 이들의 염장을 지

품격 있는 나라의 국민이고 싶다

른 대표적인 예입니다. 4년 전에 비해 서울 집값은 폭등했습니다. 집을 못 가진 이들로서는 저 앞에 있다고 생각했던 목표가 갑자기 자취를 감춰버린 것과 같습니다. 정부는 기회가 있을 때마다 부동산투기를 죄악시했고, '사는 집 아니면 팔라'고 강조했습니다.

이런 와중에 지금은 국회의원이 된 김의겸 전 청와대 대변인의 스토리는 이 정부 핵심인사들의 이중성을 여실히 드러냅니다. 그는 전 재산과 은행 빚을 10억 원 넘게 끌어다 재개발 예정지 흑석동 상가 주택을 사들였습니다. 아예 청와대 관사로 옮겨 살며 소위 '몰빵'을 했습니다. 보통 사람이라면 생각하기 어려운 일입니다. 그는 도대체 어떻게 흑석동 재개발에 대해 이 정도로 확신할 수 있었을까요?

더군다나 청와대 대변인은 대통령의 입입니다. 소위 '대통령의 숨결을 가장 잘 느끼는 사람'입니다. 그런데 대통령이 연일 부동산 투기 금지를 부르짖는데도 대변인은 재개발 예정지 상가에 돈을 왕창 끌어다 넣었습니다. 이것이 위법인지 아닌지를 따지는 것 자체가 무의미할 정도로 청와대의 위신을 끌어내린 사건입니다. 그런데도 이번에 국회에 입성했으니 국민을 뭘로 보는지 탄식이 나올 법합니다.

채용비리 의혹에 둘러싸인 교육감 역시 기념비적입니다. 지금은 구직포기자를 포함한 청년 실업률이 30%에 달하는 일자리 전쟁의 시대입니다. 서울시 조희연 교육감은 자신의 선거를 도운 전교조 해직교사 5명을 합격자로 내정해 특별채용했다는 의혹의 중심입니다. 그 과정에서 반대하는 부교육감, 국장, 과장을 결재 라인에서 배제하면서까지 강행했다고 합니다. 교육감 자리에 앉겠다고 교사 자리를 거래했을 것이라는 공정 불감증 의혹입니다. 지난해 중등임용고시 국어과 경쟁률은 17대 1, 수학과는 13대 1이었습니다. 매년 시험에 낙방해 눈물을 삼키는 수만 명의 교사지망생의 마음을 교육정책의 수장인 교육감이 짓밟은 것입니다. 이 사건은 현재 공수처 1호 수사사건이기도 합니다.

정부 내에서 가장 핵심이라 할 수 있는 법무장관, 청와대 대변인, 서울시 교육감이 우리 사회의 가장 예민한 지점인 입시와 부동산, 일자리에서 보통 사람이 혀를 내두를 반칙을 저질렀다는 의혹은 과거 기억을 뒤져봐도 떠오르질 않습니다. 공정의 가치를 가장 굳건히 지켜야 하는 위치의 인물들이 앞장서서 공정의 가치를 공격했으니, 결국 나라의 도덕적 기반이 얼마나 허약한지를 보여주는 사건입니다. 결국 '과정은 공정하고 결과는 정의롭게'를 외쳤던 이들이 가장 절대시하는 최상위의 원칙은 '우리만 빼고'였던 셈입니다. 4년간 정권이 보여준 것이 이러니, 지금 국민들이 '반칙과 특권을 없애는 것이 공정이고, 그것이 우리의 시대 정신'이라 인식하

품격 있는 나라의 국민이고 싶다

는 것은 너무나 자연스러운 현상으로 보입니다.

반칙과 특권이 횡행하는 것에 분노하고 이것을 최우선으로 바로 잡는 것에 이견이 있을 수는 없습니다. 특히 우리 사회가 이 정도의 후진성을 오래전에 넘어섰다고 믿고 있던 국민들로서는 더 크게 놀라고 화날 일입니다. 우리 사회의 응집력을 와해시키는 심각하고 절박한 문제로 인식하고 해결해야 합니다. 해법 역시 간단합니다. 이런 반칙과 특권이 용인되는 구조를 발본색원해 시정하고, 이런 짓을 일삼으면서도 '정의의 사도' 행세를 해온 이들을 공적 영역에서 추방하는 것 외에는 딱히 없을 것입니다.

그러나 반칙을 잡아내고 힘 있는 자들도 규칙을 준수하게 하는 것은, 자유민주주의와 법치가 자리를 잡은 이래 그간 당연시돼 온 원칙이라는 점을 상기하는 것도 중요합니다. 지금에 와서 권력층의 반칙과 특혜가 이슈가 되는 것은, 우리가 아직 법치의 기본에도 이르지 못했다는 뼈아픈 확인이지만, 그것만 시정한다고 해서 우리 시대의 공정이 무엇인지 모색할 필요가 없어지는 것은 아니라는 것입니다. 이번 정부 동안 뒷걸음질한 꼭 그만큼 만회하리라는 법은 없으니까요.

시장경제의 출현과
능력주의적 공정

우리 시대의 공정은 무엇일까요? 이 질문은 단순하지 않습니다. 사실 공정이 무엇인지는 인류가 살아오는 동안 줄기차게 제기돼온 물음입니다. 시대변화에 발맞춰 진화해온 것이지요. 특히 근래 불평등이 심화되면서 큰 폭의 변화가 필요하다는 생각들이 퍼지기 시작했습니다.

공정의 가치란 결국 경제력과 기회, 권력이 어떤 규칙으로 배분돼야 하는지, 어느 정도의 빈부격차가 용인돼야 하는지에 대한 집단적 감수성이 아닐까 싶습니다. 그간 공정 담론을 지배해온 것은 '재능과 노력'입니다. '능력주의에 기반한 공정' 개념입니다. '재능 있고 성실하면 보상받아야 하고, 그렇지 못한 사람의 어려움은 본인 책임'이라는 것입니다.

이런 관점은 자유주의와 시장경제의 발흥과 함께 본격적으로 출현했습니다. 개인의 자질이나 행동에 따른 보상이라는 개념 자체가 이 시기 태어난 것이지요. 그도 그럴 것이 군주와 귀족계층에 권력이 집중돼 있던 시절에는 개인이라는 개념 자체가 정립돼 있지 않았습니다. 개인이 어떤 삶을 누릴 수 있는지는 그가 타고난 혈통이나 집안에 의해 가장 많이 좌우됐고 그것이 당연한 것으로

품격 있는 나라의 국민이고 싶다

받아들여졌으니까요.

　이런 사회를 밀어내고 지금 우리 사회의 기초가 된 자유주의, 개인주의, 그리고 시장경제가 태동했습니다. 군주가 자의적으로 권력을 행사하고 기득권층이 특권을 휘두르는 것을 금지하는 것이 새로운 규범이 됐습니다. 정부 역시 개인의 자유를 보호하는 데 주력해야지 어떤 원칙이든 강요해서는 안 된다는 고전적 자유주의에서는 개인 재산을 걷어 재분배한다는 것도 관심 밖이었습니다. '잘나면 잘난 대로 못나면 못난 대로'가 초기 민주주의의 공정이었던 것입니다.

　시장경제의 출현 역시 능력주의적 공정 개념과 긴밀한 관계를 갖습니다. 시장이 작동하려면 법치가 기본입니다. 누구도 예외가 돼서는 안 됩니다. 그래야 계약의 자유가 보장돼 시장이 작동할 수 있기 때문입니다. 생각해보십시오. 귀족 어른이 평민에게 계약을 강요하거나, 변심한 귀족이 계약을 어겨도 평민이 보상받을 길이 없다면 시장경제는 유지될 수 없습니다. 그렇게 '법 앞의 평등'이 중요하니 약자가 특별한 보살핌을 받아야 한다는 개념도 희소했습니다. 개인이 스스로 잘나야 성공할 수 있다는 근대적 공정 개념이 시장경제 출현의 바탕이었던 것입니다.

　이것을 역사적인 관점에서 보면 '혈통이 아니라 재능과 노력이 대접받아야 한다'는 능력주의가 이 시기 역사 발전의 동력이 됐다는 것입니다. 당시의 대표적 지성들은 정리된 언어로 이러한 전환을 표현했습니다. 경제학의 아버지로 추앙받는 애덤 스미스는 정부가 어떤 개인이나 그룹을 특별대접 해서는 안 된다고 주장했습니다. 즉, 구성원 모두에게 혜택을 주는 시설이나 제도를 만드는 것은 좋지만, 그 밖의 것은 개인들 간 경쟁의 결과를 존중해야 한다는 것이지요. 공리주의자로 유명한 제러미 벤담 역시 일부의 특권적 이익이 아니라, '최대다수의 최대행복'이 공정하다는 생각을 펼쳤습니다.

왕이든 귀족이든 특별대접을 받아서는 안 된다, 만인은 평등하다는 생각이 깔려 있으니 당시의 기준에서는 합리성의 선두에 섰던 생각들입니다. 그러나 이 말을 뒤집어 생각하면, 특정한 개인이나 그룹이 정부의 배려를 더 받아서는 안 된다는 생각이기도 합니다. 예를 들어, 국가의 부를 크게 증가시킨 유능한 기업가가 많은 부를 독점하는 것이 당연한 반면, 기여를 못한 약자들은 배려도 못 받습니다. 특권과 싸우며 새 시대를 여는 데 전념했던 이들은 강자나 약자나 가릴 것 없이 모두에게 동일한 잣대를 들이대는 것이 공정하다고 생각한 것입니다.

품격 있는 나라의 국민이고 싶다

경쟁의 결과는
정말 언제나 공정한가?

이런 고전적 자유주의는 오래지 않아 도전을 받습니다. 민주와 자유에 기반해 새로 태어난 자유민주주의 시장경제의 어두운 면이 극명히 나타났기 때문입니다. 산업화와 함께 농촌인구가 도시로 밀려들면서 도시는 슬럼화됐고, 폭력적인 시장의 얼굴이 적나라하게 드러난 시대였습니다. 19세기 후반은 장시간의 아동노동, 비인간적인 근로조건 등 극심한 사회문제 속에서 공정과 자유, 책임이 어떻게 배열돼야 하는지에 대한 근본적 문제 제기가 잇달았습니다.

예를 들어, 비위생적인 환경에서 쥐꼬리 같은 임금으로 많은 자녀를 키우면서 부모와 자녀 모두 장시간의 공장노동으로 내몰리는 상황이 정상이냐는 질문이었습니다. 오늘보다 나은 내일을 꿈꿀 수 없는 비참한 상황은 자본주의 태동기의 '능력주의적' 공정의 가치와 정면으로 부딪쳤습니다.

이것은 경쟁의 결과가 정말 언제나 공정한가에 대한 매서운 질문입니다. 제대로 교육받을 기회를 갖지 못한 아이와 좋은 집안에서 태어나 좋은 교육을 받은 아이가 시장에서 똑같이 경쟁한 결과가 과연 공정한가, 아파도 병원에 갈 경제적 능력이 없는 사람이 건강한 이와 경쟁해서 일자리를 잃었다면 방치해야 하는가, 정치가의 주장을 제대로 이해할 정도의 교육 기회를 갖지 못한 사람들에게 투표의 자유를 부여한다고 자유민주주의가 구현되는가 등입니다.

이것을 한마디로 표현하면, 구조적이고 사회적인 불평등이 존재하는 한, 모든 것을 개인적 차원의 문제로 이해해서도 안 되고 공정한 경쟁의 결과로 간주해서도 안 된다는 것입니다. 이렇게 태어난 생각들이 바로 20세기 초반 자리 잡아 적극적 자유주의, 진보적 자유주의라 불리는 사회적 자유주의(social liberal)입니다.

이것은 이후 고전적 자유주의와 함께 자유주의의 양대 축을 이루면서 민주주의와 시장경제의 발전경로를 크게 바꿨습니다. 예를 들어, 자녀를 학교에 보내지 않는 부모를 처벌하는 것은 개인 자유의 침해로 볼 수 있습니다. 강제적인 공교육의 재원을 마련하기 위해 세금을 징수하는 것 역시 개인 재산권의 침해로 볼 여지가 있었습니다. 그런데도 이러한 변화가 20세기 사회에 널리 받아들여졌습니다. 공정이 무엇인지에 대한 대중의 인식이 변화했기 때문입니다. 개인의 자유 역시 일정한 사회적 조건 속에서 향유될 수 있으며, 그것을 위해 국가가 개입해 개인의 선택을 제한할 수 있다는 것은 새로운 공정 개념입니다. 사실 지금까지도 고전적 자유와 적극적 자유 간의 생각의 전투는 자유주의의 두 기둥 사이에서 여전히 진행 중입니다.

지금 우리에게
《정의론》이 묻는 것

적극적 자유주의의 핵심은 경쟁이 정식으로 시작되기 전에도 결과에 영향을 미치는 '사실상의 경쟁'이 이미 진행되고 있었다는 것입니다. 그러니 경쟁이 공정하기 위해서는 그 선행조건들을 공평하게 조정해줘야 한다는 것입니다. 기회를 균등하게 하기 위한 정부의 개입도 당연시됩니다.

이것이 공정의 가치에 어떤 의미를 가질까요? 경쟁의 결과로 나타나는 격차를 어디까지 용인해야 하는지를 의논해야 한다는 뜻입니다. 개인은 본인의 상태에 대해 어디까지 책임져야 하고, 공동체의 다른 구성원들은 타인의 어려움에 대해 어느 정도의 책임을 공유해야 하는지는 이제 사회정책의 핵심 화두입니다.

이 문제를 깊이 다룬 것이 바로 하버드대 존 롤스 교수가 1970년대 초에 쓴《정의론》입니다. 최근 50년간 공정이 무엇인가라는 질문에 가장 큰 영향을 미친 저작물입니다. 경제학, 정치학, 사회학 등 다양한 분야 수업에서 다룰 정도로 초특급 베스트셀러이기도 합니다. 그는 '원초적 상황(the original position)'이라는 가설적인 상황을 상정해 '당신이 이런 상황이라면 이런 것을 바라지 않겠는가? 그러니 그것을 보편적인 원칙으로 삼자'라는 구조로 이야기를 풀어갔습니다.

'원초적 상황'이란 '무지의 장막(veil of ignorance)'이 쳐져 있는 상황입니다. 부자로 살지, 가난하게 살지, 두뇌가 우수할지, 체력이 뛰어날지 아무것도 예측이 안 되는 상황을 뜻합니다. 그냥 그런 상황을 가설적으로 상정해보자는 것인데, 만약 당신이 그런 상황에 처했다면 어떤 사회구조를 바라겠느냐는 것이 롤스 교수가 던진 질문입니다. 사회의 가장 어려운 처지에 놓일 수 있다면, 당신이 속한 사회가 어떤 사회이길 바라는가 하는 것이지요.

그는 개인들이 자신에게 일어날 수 있는 최악의 상황을 기준으로 공정에 대한 입장을 정하게 될 것이라 주장했습니다. 즉, 가장 어려운 사람을 잘 보살피는 사회가 정의롭다는 뜻입니다. 자신의 인생경로에 대해 아무것도 알 수 없다면, 자신이 어려울 때 안전과 생존을 보장받기를 바랄 것이기 때문입니다. 이것이 바로 '최소 최대 원칙(maximin principle)'입니다. '최소를 최대화한다'는 게 무슨 말일까요? 예를 들어, A나라의 빈곤층이 B나라 빈곤층보다 삶의 질이 더 높다면, A나라가 더 정의롭다는 것입니다.

여기 담긴 정신은 이것입니다. 권력과 능력이 큰 사람들은 능력이 부족한 취약층을 무시해서는 안 되고 적극적으로 도와야 한다는 것입니다. 특히 잘난 사람은 자신의 재주와 노력만으로 잘나간다고 오만해지지 말라는 당부이기도 합니다.

품격 있는 나라의 국민이고 싶다

성공한 사람들로서는 쉽게 동의하기 어려운 부분이지만, 롤스 교수는 '운빨'을 강조합니다. '우리 사회가 가치를 높게 매기는 재능을 타고난 것은 바로 운이 좋아서다'라는 것입니다. 부유한 부모를 만났거나 좋은 스승을 만난 것뿐 아니라, 컴퓨터 코딩에 능한 사람이 컴퓨터 시대에 태어난 것 자체가 행운이라는데, 사실 반론의 여지는 별로 없습니다. 그러니 지금의 자신이 될 수 있었던 것이 모두 혼자만의 성취라 자부하지 말고, 자신보다 운이 좋지 않은 이들에게 오만하게 굴지 말라는 것이지요. '운칠기삼을 잊지 말아라' 정도로 해석할 수 있습니다.

능력주의와 거짓 공정 너머 '큰 공정'을 생각한다

요즘 세계적으로, 정책 관계자들 사이에 다시 부상하는 단어가 '능력주의'입니다. 자유민주주의 태동기와 반대로, 이젠 부정적인 의미로 사용됩니다. 글로벌 금융위기 이후 엘리트들의 이기적 행태에 사회적인 반감이 강화된 결과입니다. 대입시험 성적에 따라 명문대학에 들어가 좋은 직장에 들어가는 경로가 이젠 사회의 서열구조를 고착화해 '개천에서

용 나는' 것을 어렵게 한다는 지적입니다. 부모의 경제력이 없으면 대입시험에서 좋은 성과를 올리는 것 자체가 어려우니 능력주의란 사실 기득권을 옹호하는 수구적 가치가 됐다는 것이지요.

'능력과 노력'이 기득권 옹호라니 당황스럽기도 하지만, 당연히 뒤따르는 질문은 '그럼 능력과 노력을 무시하고 사람을 채용하거나 입시를 진행해야 하나?'입니다. 그 점에는 동의하기 어렵습니다. 더 풍요롭고 자유로운 사회가 우리가 꿈꾸는 목표일 텐데, 그것을 위해서는 '가장 자질이 뛰어난 사람이 가장 중요한 일을 해야 한다'는 원칙 역시 중요합니다. 경제 전체의 파이를 키우기 위해서는 입시나 채용이 능력에 기반해야 한다는 점에는 이견이 없다는 것이지요.

그렇다면 능력주의를 극복한다는 것은 무슨 의미일까요? 마이클 샌델 교수의 공정 담론은 이에 대해 사려 깊은 대답을 줍니다. 한마디로 '공동체적 운칠기삼 정신'입니다. 여기서 운칠기삼의 정신이란 겸손와 배려입니다. 성공한 사람들이 순전히 자신이 잘났기 때문에 성공했다고 생각하고 당연시하면 사회의 갈등수준은 점점 높아진다는 것입니다. '내가 잘난 것도 크게 자랑할 일이 아니고, 내가 실패한 것도 그리 낙담할 일이 아니다'라는 정신을 공동체적인 배려와 연대로 같이 익혀가자는 것입니다. 이런 관점에서는 당연히 경쟁 시작 이전에 불리한 환경의 사람들을 끌어올리는 노력도 중요합니다. '최소최대 원칙에 공동체적 연대를 더한 공정 개념'인 셈입니다.

시대 상황에 따라 변동은 있었지만, 자유민주주의가 탄생하던 시점에서부터 지금까지 공정의 개념은 사회적 응집력을 강화하는 방향으로 진화해왔습니다. 특히 글로벌 금융위기 이후 소득격차가 심화되고, 국민들의 불만과 소외감이 분노의 정치를 낳는 악순환이 나타나면서부터는 공정에 대한 공동체적 고민이 무게를 더하고 있습니다.

우리 사회는 지금 계층과 세대 간의 격차가 점점 심각해지고 있습니다. 손잡고 살아가야 하는 공동체 일원이라는 의식은 약해지고, 누군지 특정하지도 못하는 막연한 대상에 대한 분노와 질시가 만연해졌습니다. 많은 이가 '세상이 불공정하고 나 역시 불공정한 대접을 받고 있다'는 생각에 사로잡혀 있다면 그 사회에 밝은 내일은 없습니다. 내가 공정하게 대접받지 못하는데, 어떻게 타인을 공정하게 판단하고 사회가 합리적이기를 바라는 여유가 있겠습니까? 무엇이 공정인지 생각을 모아야 할 때라는 뜻입니다.

특히 거짓 공정을 내세우다 몰락한 이번 정부 인사들을 보고 겪으면서 반칙과 특권을 몰아내야 한다는 절차적 공정, 즉 작은 공정의 문제가 시대의 화두로 떠올랐습니다. 거짓 공정에 대한 분노는 절차적 공정을 회복하는 것이 얼마나 중요한지 깨닫게 해주었습니다. '공정 경쟁'을 억압하는 많은 요소를 개혁해 나가야 할 때입니다.

그런데 시대가 요구하는 재능을 갖춘 사람과 그렇지 못한 약자 간의 관계, 좋은 세월을 살았던 세대와 그렇지 못한 세대 간의 관계를 정부가 어떻게 설정하고, 어떤 제도를 설계할 것인지 역시 우리 시대의 큰 과제입니다. 이는 세금을 걷고 지출하는 정부의 모든 활동에 녹아들어 '큰 공정'을 어떻게 구현할 것인지의 문제입니다.

'큰 공정'을 어떻게 구현할까요? 우리 사회의 공정을 가장 상위 수준에서 정의한다면, 모든 국민이 어떤 조건에 태어나 자랐더라도, 인간다운 삶을 살아갈 수 있어야 한다는 것이라 생각됩니다. '내게 보장됐으면 하는 인간적 존엄을 타인에게 보장하기 위해 다 같이 십시일반 힘을 모은다' 정도가 되겠지요. 어릴 때부터 소득수준과 상관없이 양질의 교육과 돌봄이 보장되고, 빈곤층 아이들도 건강하게 잘 자라며, 비싼 사교육이 없어도 고등교육이나 취업에 지장이 없도록 공교육을 개선하는 게 기본조건일 듯합니다. 근로능력을 잃어도 인간적 존엄을 누릴 수 있어야 한다는 것도 중요할 것입니다.

기본적이고 원칙적인 것들만 해도 이 정도이니, 모든 국민이 인간적 존엄을 보장받고 인생에서의 기회를 박탈당하지 않으려면

품격 있는 나라의 국민이고 싶다

무엇이 필요할지 훨씬 더 깊고 다양한 구상이 이루어져야 할 것입니다. 처지가 나은 다른 사람들이 어떤 방식으로 그것을 지원할 것이고, 지원받는 사람이 어떤 노력을 기울여야 하는지 역시 큰 공정에 대한 고민입니다.

　여기에 세대 간 공정의 문제도 큰 공정의 중요한 부분입니다. 우리나라는 전 세계에서 유례를 찾기 어려운 고속성장을 이룬 후 지금 모든 면에서 활기를 잃어가고 있습니다. 젊은 세대로서는 절벽의 시간입니다. 자라는 과정에서는 경제성장의 과실을 접했지만, 앞으로의 인생길이 너무나 불확실하고 희망을 찾기 어렵습니다. 탄탄히 자리 잡은 앞세대와 비교해보면 더 답답한 노릇입니다.

　일자리 전쟁, 국민연금, 비정규직 차별, 임금체계, 교육 등 모든 면에서 공정의 가치를 상기하며 방향을 다시 잡는 것이 필요합니다. 젊은 세대는 이 모든 영역에 있어 이전 세대에 비해 턱없이 불리하고, 계층 간 차이를 줄이기 위해서는 이 영역들의 대폭적 개혁이 필요합니다. 경쟁에서 탈락한 이들을 위해서도 마찬가지입니다. 국민 모두가 가슴을 펴고 독립적으로 자유롭게 살아가기 위한 전방위적인 개혁을 이루는 것이 공정의 추구입니다. 역지사지와 운칠기삼의 정신으로 함께 고민하면 지혜로운 해법을 찾을 수 있으리라 기대합니다.

7

부동산 정책은 왜 이렇게 폭망했나?

**정치로 망가뜨린
부동산 시장**

　　지난 4년간 서울 아파트 중위가격이 73% 올랐고, 전세는 가격이 문제가 아니라 물건을 찾는 게 하늘의 별 따기입니다. 월세에서 전세, 전세에서 내 집 마련으로 이어지던 사다리가 갑자기 끊어졌고, 집을 마련한다는 목표는 저 앞에서 신기루처럼 사라져버렸습니다. '벼락거지'라는 말이 나올 정도로 자산 불평등이 심화됐고, 박탈감과 분노가 깊어졌습니다. 참담하다고밖에 할 수 없는 수준의 실패입니다.

얼마 전 청와대 국민청원 홈페이지에 '가상화폐에 대해 부정적인 발언을 한 금융위원장을 사퇴시켜달라'는 글이 올라왔습니다. 내용은 이렇습니다. "4050 인생 선배들은 부동산이 상승하는 시대적 흐름을 타서 쉽게 자산을 축적했습니다. 그런데 이제는 투기라며 2030에겐 기회조차 오지 못하게 각종 규제들을 쏟아냅니다. 덕분에 아무리 열심히 일해도 집 하나 가질 수 없는 현실에 직면했습니다."

부동산 정책이 2030 세대에게 '사다리 걷어차기'였다는 항의 섞인 절규입니다. 저도 공감합니다. 집값이 미친 듯이 올랐고, 집을 가진 사람과 못 가진 사람의 차이가 더욱 벌어졌습니다. 이런 결과를 만들어낸 정권이 '양극화 해소를 위해 노력했다'는 말을 어떻게 할 수 있는지 모르겠습니다.

지난 5월, 취임 4주년 특별 연설에서 문재인 대통령은 유독 부동산 정책 실패에 대해 '할 말이 없는 상황이다. 재보선 결과로 심판받았다'라며 실패를 자인했습니다. 이번 정부의 과실이 한두 개가 아닌 상황에서 콕 집어 부동산만 언급한 것을 보면 정권으로서도 부동산 정책이 얼마나 뼈아픈 실태인지 추측할 수 있습니다.

저는 부동산 정책이 이렇게까지 참담하게 실패한 것은, 주거 문제에 실용적 접근이 아니라 정치적 접근을 했기 때문이라 생각합니다. 기본적 민생문제까지 정치 논리로 국민을 편 가르는 데 써먹은 탓입니다. '집 없는 사람은 우리 편, 문제가 생기면 무조건 다주택자 탓으로 몬다'는 마음자세로 선동만 할 뿐 해법은 내놓지 않았습니다. 아마 이 정도의 후폭풍을 몰고 올 것이라고는 생각하지 못했겠지요. 더군다나 실패의 조짐이 확연해지는데도 방향을 수정하지 않고 일관되게 밀어붙이는 오기까지 부렸습니다. 하느라고 했는데 잘 안 된 것이라면 무능함만 비판하면 되는데, 정치적 목적으로 정책을 내놓느라 매매, 전세, 월세에 걸친 부동산 시장 전반을 망가뜨려 놓았으니 더 화가 나는 것이지요.

작년 가을 한 식사 자리에서 여당 의원 한 분이 저를 '문재인 정부를 반쯤 무너뜨린 사람'이라고 소개했습니다. '5분 연설'로 부동산 정책의 실패를 또렷이 언어화해 국민들의 분노를 잘 모아냈다는 의미 같았습니다.

그런데 그것이 정확한 평가는 아닙니다. 문재인 정부는 누가 무너뜨린 것이 아니라 스스로 무너지기 시작했습니다. 사실 부동산 정책에는 문재인 정권이 어떤 정치를 추구하는지, 그것이 경제정책을 어떻게 오염시키는지가 한데 압축돼 있습니다.

임대차법으로 전세 시장이 휘청이고 있을 때 김현미 전 국토부 장관은 국회에서 다음과 같이 발언했습니다. "최근 전세의 어려움은 임대차 3법 때문이 아니다. 갱신청구권을 행사하면 (전세) 공급도 줄지만, 기존 집에 사시는 분들은 계속 거주하기 때문에 수요도 동시에 줄게 된다."

세입자가 계속 눌러앉게 만들면 수요와 공급이 같이 줄어들어 문제가 발생하지 않는다는 논리입니다. 한 나라의 장관이, 그것도 담당부처 장관이 이런 말을 했다는 게 믿기 어려울 정도의 이해수준입니다. 이분은 전세 시장이 의자 수와 사람 수가 같으면 갑자기 음악이 멈춰도 모두 앉을 수 있는 '의자 뺏기 게임'이라고 생각하는 것 같습니다.

전세 시장은 의자 뺏기 게임처럼 같은 수의 사람들이 계속 뱅뱅 도는 곳이 아닙니다. 끊임없이 새로운 사람들이 유입됩니다. 누군가는 올해 결혼을 했고, 직장을 옮겼고, 아이가 학교에 들어갔습니다. 새로운 수요만큼 공급이 만들어지지 않기도 하고, 지역이나 시점에 따라 수급상황이 다 다릅니다. 때문에 의자 뺏기 게임처럼 수요, 공급이 순식간에 매칭되지 않습니다.

사실 원리는 간단합니다. 새로운 전세 수요가 기존 임차인 수요와 합쳐져 형성되고, 그것이 공급에 비해 얼마나 큰지에 따라 가격이 조정됩니다. 그리고 그 조정된 가격에 응할 의향이 있는 사람들로 임차인이 바뀌거나 유지됩니다.

이것이 전세 시장의 기본 메커니즘입니다. '살던 곳에 남거나 옮기고 그에 따라 가격이 조정되는' 과정이 원활히 이루어져야 불필요한 경직이나 마찰이 줄어듭니다. 그런데 임대차 3법은 갑자기 가격을 규제하고, 기존 임차인이 움직이지 않도록 만들었습니다. 그것도 "집주인들 꼼짝 마!"라 외치며 위협하듯 말입니다.

원하지 않는 이사를 해야 하는 사정을 배려한 의도라지만, 임차인이 떠남으로써 만들어지는 공급을 줄인 데다 불필요한 임대인 위협으로 공급을 더 줄였습니다. 결국 수급 불일치 때문에 가격이 감당 못 할 정도로 뛰었고, 지역에 따라서는 아예 전세의 씨가 말라버렸습니다.

그런데 임대차법의 부작용과 부실한 입법과정에 대해서는 많은 비판이 있었지만, 담당부처 장관이 전세 시장의 기본 메커니즘을 정말 몰랐나 하고 의심하는 이는 드물었을 것입니다. 그러나 국회에서 발언하기 위해 직원들이 나름 준비시켰을 장관이 이 정도 발언을 당당하게 한 것을 보면, 이 정부 주요 인물들이 통상 '기본기'라 부르는 전문성을 갖추지 못했다고 생각할 수밖에 없습니다.

품격 있는 나라의 국민이고 싶다

참여정부의 실패를
그대로 답습한 이유

2000년대 초반 참여정부 때의 부동산 관련 신문 칼럼을 다시 읽으면 깜짝깜짝 놀랍니다. 칼럼의 날짜만 살짝 가리면 최근 쓰인 칼럼이라고 봐도 될 정도이기 때문입니다. 직면한 어려움, 대응방식, 그 대응이 초래한 더 큰 어려움 등 정말 판박이처럼 똑같았습니다. 그렇다면 당연히 떠오르는 질문이 하나 있습니다. 왜 과거의 실패를 분명히 알고서도 똑같이 대응해 똑같은 결과를 만들었을까? 어쩌면 가장 큰 이유는, 국민의 삶보다 자신들만의 '근본주의적 원칙'이 더 중요했기 때문은 아닐까요?

참여정부 때의 일을 간단히 더듬어 보겠습니다. 노무현 정부는 여러 가지 이유에 의해 집값이 오르기 시작한 시점에서 출발했습니다. 앞선 김대중 정부에서 주택수요를 확대하고 시장을 활성화하는 데 초점을 맞추며 여러 규제를 풀었지만 공급 대책을 중시하지 않았고, 대신 택지공급 억제 정책에 주력했습니다. 게다가 1990년대 말은 저금리 현상으로 전 세계적인 주택가격 상승이 있었습니다.

그런데 2000년대에 들어서면서 우리나라 주택 시장은 그전과 뚜렷이 다른 양상을 보였습니다. 노태우 정권의 주택 200만 호 건설로 주택 부족이 어느 정도 해소된 반면, '그냥 집이 아니라, 내가 살고 싶은 지역의 맘에 드는 집에서' 살고자 하는 소비자 선호가 뚜렷해지기 시작한 것입니다. 예를 들어, 직주근접(직장과 거주가 가까운 거리)의 요구가 강화됐습니다. 그러니 주택수요가 지역별, 유형별, 규모별로 차별화되기 시작했고, 다양화되는 수요에 공급을 어떻게 매칭시킬 것인지가 복잡한 과제로 떠오른 것입니다.

이것은 사실 부동산 정책의 흐름을 근본적으로 바꿀 것을 요구하는 큰 변화입니다. 한마디로 정부 역할의 '낄끼빠빠'가 중요해진 것입니다. 우선 소비자 요구가 다양하게 진화하는 것을 정부가 따라잡는 것은 본질적으로 어렵고, 선호되는 지역에 선호되는 유형의 집이 지어져야 특정 지역의 집값이 급등하는 것을 막을 수 있습니다. 주택공급을 막으면 선호되는 지역의 집값을 더 올려 그 지역에 자리 잡은 사람들의 자산을 정부가 불려주는 것과 같습니다. 그러니 결국 공급 관련 규제를 풀어 자발적인 움직임이 일어나도록 하는 게 해법일 수밖에 없습니다. 도심 내 재건축 같은 것이 대표적이지요.

그런데 참여정부는 집값이 오르는 것은 투기 때문이라며 '강남 집값 잡기'를 정책의 목표로 설정했습니다. 그러고는 공급 확대로 집값을 잡기보다는 투기를 억제한다며 각종 규제를 강화해 수급

품격 있는 나라의 국민이고 싶다

불균형이 해결되지 않을 거라는 신호를 시장에 줬습니다. 다른 나라에서 찾아볼 수 없는 유형의 세금인 종합부동산세를 도입했고, 공급은 재건축 같은 민간 부문의 움직임은 억제하면서 공공 개발에 의존했습니다. 그러니 가격 상승을 기대한 주택수요를 정부가 더 조장해 가격 상승을 더 부추긴 셈이 되었습니다. 최근에도 우리 귀에 너무나 자주 들려온 정책들 아닌가요?

결과적으로 수도권의 공급부족, 지방의 공급과잉이 심화됐고, 30여 차례의 부동산 대책이 발표된 뒤 남은 것은 기록적인 서울 아파트 가격 상승과 참여정부의 최대 실패라는 오명뿐이었습니다.

그런데 이번 정부는 무슨 매뉴얼이라도 되는 양 이 길을 그대로 밟았습니다. 우선 김현미 전 장관은 취임 당시 '집값 상승은 투기세력 때문'이라는, 아무 근거 없는 선언을 했습니다. '공급은 절대 부족하지 않으니 투기수요만 문제'라는 진단이었습니다. 그러니 수급 불균형을 해소할 제대로 된 해법이 나올 수가 없었습니다.

단기적 현상도 아니고 지속적인 가격 상승을 소수의 투기꾼들이 계속 주도할 수 있다고 생각한 것 자체가 상식적이지 않지만, 더 비상식적인 것은 십수 년 전의 실패를 왜 똑같은 방식으로 답습하는가입니다. 도대체 왜 과거의 실패로부터 배우지 못하고 참여정부 때 실시해 참혹한 결과를 낳았던 정책을 그대로 다시 동원했을까요?

"왜 국민이 어떻게 살지를 당신들이 가르치세요?"

"내가 강남 살아봐서 아는데, 모두가 강남에 살 필요 없다."(장하성 전 청와대 정책실장), "아파트에 대한 환상을 버리면 임대주택으로도 주거의 질을 마련할 수 있다."(진선미 국회 국토교통위원장), "영끌해 집 사지 말고 청약해라."(김현미 전 장관). 이번 정부 인사들의 부동산 어록입니다. 하나 같이 '내로남불'의 표상이 돼버린 말들입니다.

그러나 더 근본적인 물음은 '국민이 어떻게 살지를 왜 당신들이 가르치세요? 국민이 무엇을 원해야 하는지를 왜 당신들한테 허락받아야 하나요?', '국민들 행동이 마음이 안 들면, 그렇게 행동하지 않아도 되게끔 하는 정책을 만들어야지, 정반대 정책만 내놓으면서 왜 이래라저래라 하나요?'입니다.

우리 사회에서 '내 집'이 가지는 안정감은 매우 강력합니다. 언젠가는 내 집을 마련하고 주택 등기부등본을 갖고 싶다, 아이들이 크면 조금 더 넓고 쾌적한 곳으로 이사 가고 싶다, 좀 비싸더라도 직장과 가까운 신축 아파트에서 살고 싶다 등 집에 대한 국민들의 소망에 정치가 어떻게 반응해야 할까요?

저는 이런 국민들의 소망이 최대한 실현되도록 노력해야 한다고 생각합니다. 도덕적으로 문제 될 부분이 있는 것도 아니고 다른 사람에게 피해를 주는 것도 아닙니다. 그렇다면 국민들이 각자의 다양한 욕구들을 추구하도록 시장을 잘 관리하고 도울 것을 돕는 것이 정치인과 공무원이 해야 할 일입니다.

그런데 자기들은 누릴 것을 다 누리면서 국민들을 내려다보며, '집은 머리 누일 곳일 뿐이야. 집값이 오를 만한 곳에 집을 사겠다는 것은 투기꾼이야. 도심에서 살 필요가 뭐 있어? 직주근접이 뭐가 중요해? 그냥 외곽에 만들어놓은 신도시로 가든가, 임대주택에서 오래 살아'라 합니다.

'집으로 돈 버는 사람이 없어야 한다', '집을 사고팔면서 부자가 된다는 것은 생각조차 할 수 없는 세상이 돼야 한다'는 원리주의적 도그마를 세상에 강요하는 것을 어떻게 봐야 할까요? 물론 누구나 세상이 어떤 모습이었으면 좋겠다는 바람을 갖고, 다른 이들과 그런 바람을 공유합니다. 그것이 잘못된 것은 아닙니다.

그러나 그런 생각을 다른 사람에게 가르치듯 강요하면서 결과가 무엇이든 받아들이라는 것은 정치인이 아니라 종교 집단과 같습니다. 수백 년에 걸쳐 형성된 국민들의 생각과 싸우거나 훈계질을 할 것이 아니라, 다양한 관점과 소망을 가진 국민이 시장에서 겪는 혼란과 불편을 해결하는 것이 중요할 뿐입니다.

고백건대, 저도 다른 투자자산에 비해 부동산의 수익률이 높지 않았으면 좋겠습니다. 집값 상승이 가파르면 내 집 마련을 꿈꾸는 많은 국민이 포기할 수밖에 없기 때문입니다. 그러나 그런 세상을 바랄수록, 가격을 안정시키는 정책을 만드는 게 중요하지 국민들께 그런 바람을 갖지 말라고 가르칠 일이 아닙니다. 그런데도 참여정부나 문재인 정부는 집값을 올리는 정책만 밀어붙이면서 '부동산투기 때문에 정책이 작동하지 않는다'는 핑계를 댔습니다. 정작 투기하기 좋은 환경을 만들어 투기꾼을 육성하면서 말입니다.

말이 나왔으니 첨언하자면, 같은 실패라도 참여정부보다 이번 정부의 실패가 더 뼈아프다고 생각합니다. 너무나 생생한 실패의 경험에서 충분히 배울 수 있었음에도 불구하고 그것을 그대로 답습했기 때문입니다. 그리고 이 실패는 문재인 정부의 속성에 대해 많은 것을 말해줍니다. 국민의 주거를 안정시키고 내 집 마련의 꿈을 지원한다는 말에 조금이라도 진정성이 있었다면, 이렇게까지 오기를 부리며 실패의 외길을 걷지는 않았을 것입니다.

'5분 연설'이
말해주는 것

저는 소위 '문재인 대통령 덕분에 뜬 사람'입니다. 윤희숙이라는 정치인의 존재를 대중에게 처음 알린 '5분 연설'이 이번 정권의 부동산 정책에 대한 비판이었습니다. 당시, 2020년 7월 상황은 이랬습니다. 부동산 가격이 걷잡을 수 없이 올라가 비판 여론이 거세지자 정부 여당은 일련의 부동산법을 발의했는데, 다주택자가 집을 팔게 내놓도록 세금을 크게 올리는 것, 그리고 전세 거래 규제를 강화해 임차인을 보호한다는 내용이었습니다.

제가 속한 상임위에서는 부동산 세금을 올리는 법들이 일사천리로 통과됐는데, 내용의 적절함을 떠나 그 과정은 모든 절차를 무시한 게릴라전 같았습니다. 여당 의원들이 전광석화처럼 기립 표결을 할 때, 옆자리에 앉은 야당 재선, 삼선 의원들도 어안이 벙벙했던 것을 보면 얼마나 이례적인 일이었는지 짐작할 수 있습니다. 청와대에서 7월 내에 모든 법을 통과시키라는 지시를 했기 때문이라하니, 국회가 얼마나 비정상적으로 작동하는지를 보여주는 큰 사건이라 할 만합니다.

임대차법은 법사위 소관이었는데, 심각한 부작용을 초래할 것이 뻔한 내용이었습니다. 민생법안이라 반대하기 부담스럽다는 의견도 많았지만, 저는 의원총회에서 '부작용은 시간이 지나서야 나타나기 때문에 정치적으로 부담스러운 경우가 많다. 그러나 이 법은 큰 부작용이 곧 나타날 것이 너무나 확실하기 때문에 그런 걱정 없이 소신껏 반대할 만하다'고 발언했습니다. 회의가 끝난 후 5분 자유발언을 하라는 원내대표의 요청을 받았습니다. 원래 자유발언은 주목도가 떨어져서 거의 빈 회의장에서 발언하는 경우가 많은데 제 경우에는 다음 날 오후부터 관심이 쏟아지기 시작했습니다.

왜 국민들이 '5분 발언'에 집중했을까에 대해 많은 해석이 있었습니다. 제가 느낀 것은 그동안 억눌려왔던 분노였습니다. 중요한 민생 이슈를 정치권이 진중하게 다뤄야 함에도 불구하고 정치싸움의 도구로 삼아왔으니까요. 제게는 '5분 발언'에 쏟아진 관심이 우리의 삶에 가장 기본인 '살 곳'의 문제를 정치인들의 이념놀이나 편 가르기의 소재로 삼지 말라는 절규로 들렸습니다.

부동산 정책을 편 가르기 용도로 써먹은 것은 주택공급이 실패한 가장 큰 원인입니다. 원래 부동산 가격이 계속 오르는 것은 공급이 수요를 따라잡지 못하고 있으며, 그런 상황이 조만간 해소되지 않을 것이라고 국민들이 생각하고 있다는 것을 의미합니다. 투기꾼만으로 설명할 수는 없다는 뜻이지요. 그렇다면 공급을 안정

품격 있는 나라의 국민이고 싶다

적으로 확대하는 방안을 모색하는 것이 최우선입니다.

그런데 문재인 정부는 시작부터 '공급은 절대 부족하지 않다. 가격이 오르는 것은 전적으로 투기꾼 때문이다. 그러니 세금을 많이 올려서 집 가진 이들이 집을 토해내게 하면 된다'고 우겼습니다. 그러니 자다가 봉창 두드리는 소리를 계속하는 정부 밑에서 주택 문제가 해결될 것이라 바랄 수는 없는 노릇입니다. 투기만 잡으면 되고 공급이 더 필요하지 않다는 정부의 고집은 수요자들로 하여금 공급이 쉽사리 이루어지지 않고 가격이 더 오를 것이라 기대하게 만듦으로써, 주택수요를 증가시키고 투기를 심화시키는 결과를 낳았습니다. 집값은 훌쩍 더 뛰었습니다. 제대로 된 정책은 안 만들고 투기꾼 욕만 하면서 편 가르기에 주력했지만 공급이 확대되지 않으니 결과적으로 부유한 사람들만 보호받은 것입니다.

임대차법 역시 마찬가지입니다. 임대차법 이전의 전세 시장은 별 특기할 만한 움직임이 없었습니다. 그런데 부동산 매매 시장에서의 정책실패로 주택가격이 급등하자, 세금으로 다주택자를 때려잡겠다고 나서더니 세 부담이 임대료로 전가될 거라며 임대차법을 급조했습니다. 세입자의 안정적인 주거를 보장한다는 정책 목표를 내세웠지만, 이 법의 진짜 목적은 임차인 보호가 아니라 '우리가 임차인을 위해 이렇게까지 임대인을 몰아붙이고 있다'고 보여주는 것이 아닐까 싶습니다. 법의 부작용을 최소화하려면 이해관계자 양측을 모두 배려해야 하는데, 이 법은 갱신청구와 임대료 상한을 일방적으로 강제함으로써 '임대인은 적이고 임차인은 내 친구'라는 선언에 가까웠기 때문입니다. 임대인을 위축시켜 시장이 오작동하게 만드는 것이 뻔한데 어떻게 임차인 보호가 되겠습니까?

법의 취지는 좋지 않냐고 반문하는 분들도 있습니다. 하지만 제 눈에는 전혀 그렇지 않습니다. '전세계약을 연장할 수 있게 해 임차인 보호를 강화한다'는 취지가 진정성이 있으려면, 좀 더 깊은 고민이 필요합니다. 시장에 충격을 주었을 때 그 임차인들이 갈 곳이 없어지지 않도록 만드는 대응방안이 있어야 한다는 뜻입니다. 임대인에게 두려움을 심어주는 순간 이런 정책은 작동하지 않습니다. 그렇게 되면 임차인 보호도 물 건너가게 되는 것입니다.

원래 모든 정책은 '의도치 않은 부작용(unintended consequence)'을 가져올 위험이 있기 때문에 얼마나 신중하게 이런저런 위험을 다 따져봤는가가 진정성이 있었는지를 판가름합니다. 그러나 임대차법은 국회에서 졸속과 날림, 비밀작전처럼 통과시킨 탓에 진정성과는 정반대의 방향을 가리키게 되었습니다. 결과적으로 100여 년간 이어져 오던 임대인과 임차인 간 공생구조를 무너뜨렸습니다. 전세가 씨가 말랐고 월세급증까지 나타났으니 득 본 사람은 아무도 없습니다.

시장을 무시한
편 가르기 부동산 정책

'나만 옳고 너는 적폐'라는 태도는 부동산 정책에서도 똑같았습니다. '집 없는 사람은 우리 편, 집이 2채면 투기꾼이니 세금폭탄으로 응징, 임대인 사정은 살필 필요 없고, 재건축·재개발로 집값 오른 것은 불로소득이니 무조건 환수, 주택가격 상승은 무조건 다주택자 탓'이라는 것이 문재인 정부의 기본방향이었습니다. 이런 편 가르기가 역대 최악의 부동산 실패로 이어진 것은 어찌 보면 자연스러운 귀결입니다.

부동산 시장의 병목은 공급이 제대로 이뤄지지 않는 것이었는데, 그것은 정권이 시작하던 순간부터 적극적 공급이 필요하지 않다는 김현미 전 장관의 선언에서 시작됐습니다. 이것은 도심 내 주택수요를 만족시킬 수 있는 가장 유력한 후보인 재개발·재건축을 봉쇄하겠다는 말과 같았습니다.

사실 서울 시내 주택공급의 상당 비중은 재건축·재개발을 통해서 이루어집니다. 이미 공간이 포화상태이니 옆으로 퍼지거나 위로 올라가야 하는데, 옆은 그린벨트로 막혀 있으니 재건축·재개발로 공간을 효율적으로 이용하지 않으면 도심의 주택공급이란 난망입니다.

그런데 재건축을 하려는 주민 입장에서는 주변 시가 상승분보다 새로 지을 집의 가격이 더 오른다고 해서 그 부분을 정부에 내야 할 돈이라 인식하기는 어렵습니다. 녹물 나오는 집에서 오래 견딘 대가라 생각하는 게 인지상정입니다.

반면, 이 정부는 개발혜택의 상당 부분을 공적으로 환수해야 한다는 입장이니, 서로가 동의하는 환수의 적정선을 찾는 게 문제인데 그걸 찾으려 하지 않은 것입니다. 정부가 이만큼을 공적으로 가져가야 한다고 하니 민간에선 "그러면 안 하고 더 기다릴래." 하는 입장이 되면 주택공급이 이루어지지 못합니다. 도심에 주택공급을 활성화하기 위해선 그 타협점을 찾아내 민간이 움직이도록 해야 합니다.

그런데 그것은 결국 서로의 입장을 인정한 바탕 위에서 타협해 수익을 배분하는 것이고, 합리적인 원칙을 설정해 공감을 얻어야 하는 문제입니다. 그런데 재건축 집주인들을 마치 공공의 적으로 치부하면, 대도시 도심의 주택공급이라는 핵심적인 기능은 망가집니다. 기본적으로 이것이 문재인 정부 동안 지속됐던 주택공급 병목의 본질입니다. 지극히 실용적이어야 하는 부동산 정책을 편 가르기 포퓰리즘으로 임한 결과가 지금과 같은 참상인 것입니다.

품격 있는 나라의 국민이고 싶다

부동산 해법,
결국 다원성이 기본

이렇게 망가진 부동산 정책을 도대체 어떻게 해야 하냐는 질문을 많이 받습니다. 저는 그리 복잡한 문제가 아니라고 생각합니다. 국민 각자가 원하는 것이 가능하도록 돕는 것이 기본입니다. 집을 소유하고 싶은 사람은 소유할 수 있어야 하고, 굳이 집을 사지 않고 임대나 전세로 살고자 하는 사람을 위해서는 임대 시장이 안정적이어야 합니다. 형편이 넉넉지 않아 자가로 주거를 해결할 수 없는 사람을 위해서는 공공임대가 확보돼야 하고요.

그런데 집을 소유하거나 넓히고 싶은 이들을 위해서는 주택의 가격이 안정적이어야 한다는 것이 중요합니다. 주택에 투자하려는 이들의 의욕을 꺾지 않을 만큼의 수익이 보장되도록 안정적인 상승이면 가장 좋겠습니다. 그렇게 공급이 적소에 잘 이루어지도록 정부가 방해하지 말아야 하고요.

그런데 가격안정은 결국 내 집 마련을 원하는 이들이 목표를 이룰 수 있게 하는 중간목표입니다. 주택가격이 오르지 않아야 한다는 목표보다 중요한 것은 내 집 마련을 절실히 원하는 이들이 집을 가질 수 있어야 한다는 것입니다. 그러니 설사 주택수요를 증가시키더라도 그것 때문에 무주택자의 담보대출을 엄격히 규제하는 것은 문제의 경중을 뒤집은 것이라 할 수 있습니다. 집값을 잡겠다고 무주택자들을 희생시켜서는 안 됩니다. 생애 최초 무주택자들의 담보대출은 소득이 안정적이어서 원리금 상환능력이 있는 한 지금보다 훨씬 더 쉽게 받을 수 있어야 합니다.

기본적으로 집처럼 고가의 재화는 일단 소유한 다음 갚아나갈 수 있도록 도와야 하기 때문입니다. 빚을 내서 집 사는 것을 비난하거나 폄훼할 일이 아니라는 뜻입니다. 더구나 이번 정부에서 청년들이 집을 마련할 수 있는 진입장벽이 급격히 높아졌습니다. 많은 이들을 절망하게 했고, 급기야 사회불안으로 전환되는 움직임까지 있습니다. 이럴수록 이들이 집을 마련할 수 있다는 꿈을 포기하지 않도록 대출 사다리를 확대하는 것을 진지하게 정책목표로 추구해야 합니다.

자가로 집을 마련하기 어려운 저소득층이 인간적 존엄을 누리며 살 수 있도록 공공임대도 잘 갖춰야 합니다. 수요가 존재하는 한, 그 대상도 점차 확대하는 것이 바람직합니다. 단, 우선순위는 확실해야 합니다. 저소득층 대상으로 우선 확보돼야 한다는 것에는 논란의 여지가 없습니다. 그리고 기존의 공공임대가 적절히 관리되고 있는지를 살펴 확대 여부를 결정할 일입니다.

얼마 전 서울주택도시공사(SH)의 매입임대주택 2만 가구 중 4,700가구가 빈집이라는 감사원 감사결과가 파란을 일으켰습니다. 연간 공급목표를 채우기 위해 빈집 현황도 고려하지 않았고, 노후하거나 불량한 주택을 개선하려는 대책도 마련하지 않았다는 것이 감사 내용입니다. 공공임대가 관리되는 방식이 이렇게 형편없다면, 중산층까지 포괄하도록 대폭 확대한다는 것이 단기적으로 성급하게 추진할 과제가 되어서는 안 됩니다.

그리고 주택가격을 안정적으로 유지하기 위해 가장 중요한 대책은 수요자가 원하는 주택을 지속적이고 안정적으로 공급하는 것입니다. 그런데 복잡하고 다양해진 수요를 주택과 매칭하는 것을 정부가 잘할 것이라고 기대하기는 어렵습니다. 결국 해답은 각자가 알아서 자신이 원하는 것을 찾아가도록 민간의 주택공급 기능을 활성화하는 것입니다. 정부는 교통망이나 교육, 육아 여건 등 인프라를 완비하는 역할, 그리고 지역마다 재건축이 활성화될 수 있도록 불필요한 규제를 개선하는 데 집중하는 것이 필요합니다.

이것이 부동산 정책의 대략적인 방향이라면, 이 모든 것의 기본은 국민이 가진 다양한 욕구를 있는 그대로를 인정하는 것입니다. 누구도 바라지 말아야 할 것을 바라는 이가 아니고, 도덕적으로 지탄받아야 할 이도 없다는 것을 마음으로부터 인정해야 합니다. 정치적 지지층이 이들 중 누구인지, 앞으로 환심을 사야 할 그룹이 누구인지에 머리를 굴리는 것은 바로 부동산 정책을 망가뜨리는 지름길입니다. 모든 사람이 서로 다름을 인정하고 그 모든 욕구가 평등하다는 전제에서 공공선을 추구하는 것, 그것은 정치와 부동산 정책 모두의 기본입니다.

여기에 더해 나만 옳다는 독선과 오만함은 정책 수립에서 금기입니다. 예를 들어, 제가 5분 연설에서 비판했던 임대차법은 재난 수준의 참사를 가져왔습니다. 임대차법의 핵심인 계약갱신청구와 전월세 상한제는 과거 모든 정권에서 한 번씩은 고민했지만 도입하지 않았던 것들입니다. 수급 괴리가 존재하는 한 모든 임차인을 보호할 수 없는데 이런 제도를 도입하면 임대료가 큰 폭으로 올라가거나 시장이 위축돼 전세가 사라질 것이라는 우려 때문에 시도하지 않았던 것입니다. 그렇다면, 이 책임을 누구에게 물어야 할지는 명확합니다. 정치를, 그것도 수준 낮은 편 가르기로 한국 정치를 망치고 있는 이들이 부동산도 망치는 중입니다.

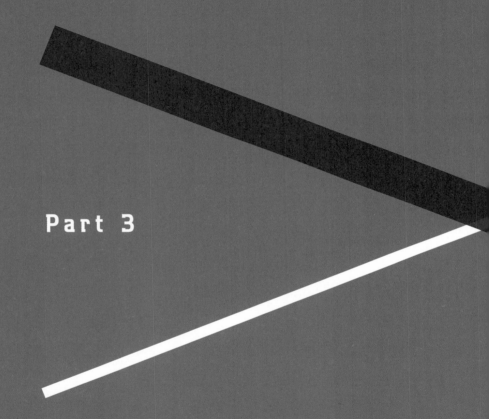

Part 3

죽어가는 옛것을 몰아낼
새것을 이야기하자

8

무모한 실험으로 망가져 버린 한국 경제

미룰 수 없는
개혁을 외면하다

지난 4년 동안 어떤 경제정책이 있었는지 샅샅이 살펴보다 보면 누구나 공감할 것입니다. 경제의 체질을 개선하고 활력을 키우기 위해 정부가 한 것이 정말 아무것도 없구나 하는 것을 말입니다. 단언컨대 이번 정부가 오로지 일관되게 열심히 한 게 있다면 '빚을 내 돈 뿌리는 것' 정도입니다.

노무현 정부 때 체결한 한미 FTA는 우리 경제를 한 단계 업그레이드시킨 것으로 평가됩니다. 자신의 지지층이 그토록 반대했음에도 불구하고 국익을 위해 대통령이 결단을 내린 좋은 사례입니다. 그 이후 이명박 정부와 박근혜 정부의 절박한 과제는 구조 개혁이었습니다. 고속성장 과정에서 좋은 자리를 차지한 기득권 노조와 기득권 기업이 진입 희망자들을 밀어내고 있는 상황을 고치지 않으면 우리 경제 미래가 너무나 어두워질 것이 자명했기 때문입니다. 어쩌면 당장 활로를 모색하지 않으면, 지금이 우리 5000년 역사상 가장 잘살았지만 동시에 가장 급격한 쇠락이 시작된 시간으로 기록될 것입니다.

세대 간의 기회불균등을 생각하면 사정이 더 급합니다. 저성장으로 기회는 쪼그라들었는데, 고성장 시대 시장규칙에 따라 편하게 자리 잡은 앞세대에 밀려 경쟁조차 시작할 수 없는 젊은 세대의 절망을 없애기 위해선 시대변화에 따른 개혁이 불가피합니다. 한 세대의 기회를 박탈해버리는 시장규칙을 고치지도 않으면서 어떻게 공정의 가치를 얘기할 수 있겠습니까.

과거 이명박 정부와 박근혜 정부는 공공부문 개혁, 규제 개혁, 노동 개혁, 연금 개혁, 교육 개혁을 위해 노력했습니다. 큰 성과는 없었지만, 그렇게 쌓인 노력을 다음 정권이 계승해 더 노력하면 목표를 달성할 수 있는 것입니다.

그런데 문재인 정부는 정권 내내 자신의 지지세력이 싫어한다는 이유로 개혁은 아예 입에 담지도 않았습니다. 공공부문 개혁을 좀 시작하는 듯하더니 공공부문 노조가 반발하자 쑥 들어갔습니다. 민노총 눈치를 보느라 다른 개혁도 입도 뻥긋 안 했습니다. 마치 우리 경제에 이런 개혁이 필요하지도 않다는 듯이 말입니다. 혁신경제를 위해 160조 원을 투입하는 초대형 프로젝트 '한국형 뉴딜'을 선전했지만, 경제 체질을 개선하기 위해 군살을 베어내는 조치는 아무것도 없었습니다. 정작 혁신이라는 것은 우리 안의 굳은살을 잘라내고 어린싹을 북돋아 역량을 높이는 것인데 말입니다.

개혁이라는 것이 현재 안정적 위치에 있는 사람들을 기분 나쁘게 하니, 그리고 그 사람들이 내 지지층이니 아무것도 안 하겠다는 비겁함만 있습니다. 오히려 지지기반인 노조의 요구를 소득주도성장이라는 무모한 실험으로 둔갑시켜 한국 경제를 실험대상으로 사용했습니다.

절실한 개혁을 시도하지 않은 것은 비겁하지만, 그나마 추진한 정책 역시 한국 경제를 실험대상으로 이용했다는 비난에서 자유로울 수 없습니다. 경제를 망칠 게 뻔한 정책들을 밀어붙였기 때문입니다. 이것은 정치로 경제에 접근한 결과입니다. 물론 어떤 나라

　　　　　죽어가는 옛것을 몰아낼 새것을 이야기하자

도 순전히 경제논리만으로 경제정책을 만들지는 않지만, 개론 교과서 수준의 기본 원리와 정면으로 싸우는 정책을 반복한다면, 정책을 만드는 목적이 경제를 잘 운영하기 위해서라고 보기 어렵습니다.

문재인 정부가 이전의 정부들과 다른 점이 이것입니다. 과거에는 보수정권이야 말할 것도 없고 진보정권마저도 권력을 잡는 순간부터는 '글로벌 경쟁 속의 한국 경제'라는 큰 목표를 염두에 두고 정책을 만들었습니다. 치열한 글로벌 경쟁 속에서 대외의존도가 높은 한국은 쓸 수 있는 정책의 폭이 그리 넓지 않다는 것을 인정할 수밖에 없었기 때문입니다.

김대중 대통령의 노동 개혁이나 노무현 대통령의 한미 FTA 모두 그 외에는 다른 길이 없다는 것을 수긍했기 때문에 가능했습니다. 그것은 한 사람의 정치인으로서 자신의 지지기반에만 아부하는 것이 아니라, 한 나라의 지도자로서 전 국민을 이롭게 하는 길을 가야 할 최소한의 책임이었습니다.

그런 최소한의 책임이 무너진 것이 이번 정부입니다. '소득주도 성장'이라는 듣도 보도 못한 이름으로 고문을 자행한 결과 한국 경제는 빠르게 망가졌습니다. 패스트푸드 체인점이고, 골목의 작은 식당이고 할 것 없이 보이는 곳마다 들어선 자동주문 기계들은 '최저임금을 대폭 올려 경제를 성장시킨다'는 판타지로 국민을 기만

하고 수많은 젊은이의 일자리를 빼앗은 정부의 죄과입니다.

지난 5월 새로 선출된 민주당 대표는 청년과의 간담회에서 "최저임금을 초기에 너무 급격히 인상한 것이 잘못이다. 결과적으로 일자리도 없어졌다. 주거랑 사교육비를 줄이면 사실 최저임금을 인상하지 않더라도 가처분소득이 늘어나서 소득주도성장의 실질적 효과가 나는데, 임금만 올려 소상공인·자영업자만 부담이 되고 부작용이 발생했다."고 지적했습니다. 지극히 상식적인 이야기입니다. 왜 이런 말을 이제 와서 하는지가 문제일 뿐이지요. 이런 상식과 싸우는 짓을 4년 내내 강요한 집권세력이 도대체 왜 그랬는지, 어떻게 그것이 용인됐는지를 짚어보는 것이 재발방지를 위해 중요합니다.

마차가 말을 끌고
꼬리가 개를 흔든다고?

4년 전 대선후보 TV 토론에서 문재인 후보와 심상정 후보는 새로운 경제성장이론을 주창하는 것인 양 소득주도성장을 자랑스럽게 내세웠습니다. 소득주도성장의 구체적 경로를 묻는 경제학자 출신 유승민 후보에게 경제성장을 전혀 이해하지 못한다고 질타하기까지 했습니다.

임금을 대폭 올려 경제를 성장시킨다는 이들의 주장은 1950년대 아르헨티나의 페론 대통령을 필두로 최근 차베스와 마두로에 이르기까지 그간 남미 국가들에서 지겨울 정도로 반복된 주장입니다. 시도될 때마다 국가 경제를 망가뜨린 대표적인 포퓰리즘 정책입니다.

일시적 경기진작이나 심리적 부양이면 모르되 임금을 억지로 올려 지속적 성장을 가져올 수 없다는 것은 정책의 상식입니다. 소득 창출능력, 즉 생산력이 커져야 경제가 성장하는 것이니까요. 더구나 우리처럼 중소기업이나 자영자의 지불능력이 제한돼 있고, 대기업도 수출에 의존하는 나라에서 임금을 대폭 올리면 어떻게 되겠습니까. 지불능력이 부족한 기업이나 상인은 망해 나가고, 대기업은 경쟁력을 잃을 것이 뻔하지요. 그런데도 모든 상식과 이론을 부정하는 프로파간다가 집권당의 핵심 경제정책이 돼 나라를 휘두른 것입니다. 최저임금 대폭인상을 필두로 경제의 체질을 악화시키는 정책만이 계속됐습니다. 한국 경제가 '골병이 들었다'는 표현이 정확할 것입니다.

게다가 재정을 대폭 투입해 경제 체질의 약화를 은폐하려는 시도까지 했습니다. 아마 문재인 정부에서 가장 일관성 있게 추진한 경제정책은 세금으로 만드는 공공일자리 창출이었을 것입니다.

"일자리는 민간이 만드는 것이라거나 시장에 맡겨야 한다는 식의 고정관념이 지금 정부 각 부처에 많이 남아 있는 것으로 보인다." 는 대통령의 발언은 이 정부의 구시대적 경제관을 엿볼 수 있는 대목입니다.

그런데 더 놀라운 것은 여당의 대선주자라는 분이 최근 '기본소득으로 수요를 창출해 성장한다'는 수요주도성장을 들고나온 것입니다. 소득주도나 수요주도나 결국 생산성 증대 없이 재정을 투입해 성장을 이루겠다는 세금주도성장이라는 의미에서 일란성 쌍둥이입니다. 마차가 말을 끌고 꼬리가 개를 흔들도록 하겠다는 것과 같습니다. 소득주도성장의 문제가 뭐였는지 전혀 곱씹어보지 않았다는 뜻입니다. 아니, 한 번 기본원리를 무시하고 무모한 실험을 해봤으니 두 번도 못할 것이 없다는 심리인지 모르겠습니다.

20세기 초반 조선산업의 맹주는 영국이었습니다. 중량 기준으로 전 세계 물량의 50% 이상을 영국이 생산했습니다. 두 번의 세계대전 기간에는 미국이 부상했습니다. 1944년 세계 조선 물량의 90%를 미국이 감당했습니다. 맹주 자리는 이후 일본을 거쳐 1990년대에 우리나라로 왔습니다. 그런데 조선업은 생산과정 자체가 고도로 노동집약적이라 우리가 조선산업 전반에 걸쳐 경쟁력을 계속 유지하기는 어렵습니다. 전반적으로는 중국으로 옮겨가는 추세이

죽어가는 옛것을 몰아낼 새것을 이야기하자

며, 고급기술이 필요한 고부가가치 선박에서의 경쟁력을 유지하는 것이 관건이라고 전문가들은 말합니다.

철강산업 역시 한때 우리가 맹주였지만, 지금은 중국이 압도적 비중을 차지하고 있습니다. 우리의 15배가 넘습니다. 미국에서 노하우를 배운 일본으로부터 우리가 배웠고, 우리의 포스코로부터 중국이 배워갔습니다.

이외에도 많은 산업이 중국으로 넘어갔습니다. 이것 자체가 나쁜 것은 아닙니다. 1970년대 섬유와 합판, 가발로 산업화를 시작했던 우리나라가 이들 산업에서 경쟁력을 잃은 것은 우리나라가 잘살게 되면서 인건비가 올랐기 때문입니다. 그리고 그것을 다른 개발도상국에게 넘겨주었지만, 더욱 부가가치가 높은 전자, 철강, 조선으로 갈아탈 수 있었기 때문에 저부가가치 산업의 경쟁력 상실은 사실 축복이었습니다. 지금 우리는 철강과 조선, 석유화학 등 우리를 선진국 입구까지 끌어올려준 중화학산업에서 경쟁력을 잃어가고 있습니다. 이것이 과거의 산업고도화 과정처럼 축복이 될지, 되돌릴 수 없는 쇠락이 될지는 얼마나 더 많은 고부가가치 산업을 발굴해 기존 산업의 빈자리를 채울 수 있는가가 결정합니다.

그러나 현재 잠재성장률은 말 그대로 뚝뚝 떨어지고 있습니다. 다른 나라로 이동하고 있는 산업의 일부분이 고급화되면서 유지되고, 신산업이 새로운 먹거리로 부상할 것이라는 희망찬 기대보다는 온통 잃어버릴 것들에 대한 근심뿐입니다. 게다가 세계에서 가장 빠르게 고령화가 진행되고 있어 '고비용 저활력' 경제 구조는 앞으로 더 심화될 것이기 때문에 이 흐름을 되돌릴 제대로 된 정책이 필요합니다.

'한강의 기적'의 핵심은 '사람 중심 성장'

우리 경제는 그동안 두 번의 도약을 경험했습니다. 첫 번째는 한국이 '기적의 나라'라고 불리게 된 산업화 시기입니다. 1993년 세계은행은 한국을 비롯한 동아시아 국가들의 경제적 성공을 분석한 〈동아시아의 기적The East Asian Miracle〉이라는 연구보고서를 내놓았는데, 그중 한국은 단연 백미白眉였습니다. 3년간의 전쟁이 남긴 거대한 폐허 더미에서 불과 한 세대 만에 신흥 중진국으로 우뚝 선 드라마였기 때문입니다.

한국의 산업화 경험에서 서구 학자들을 가장 사로잡았던 것은 '사람 중심 성장'이었습니다. 한국 경제발전의 사람 중심성은 당장의 가난을 덮기 위해 돈을 나눠주는 것이 아니라 성장의 과실을 거둘 역량을 갖추도록 모든 계층의 사람을 키우는 데 전력을 다했다

죽어가는 옛것을 몰아낼 새것을 이야기하자

는 것입니다.

국가 예산의 절반 이상을 미국의 원조로 메우던 가난뱅이 나라였으면서도 1960년대 사회 지출은 복지나 의료 지원이 아닌 교육에 막대한 비용을 투입했습니다. 마을마다 초등학교를 짓고 우수 인력을 교사로 양성하는 데 아낌이 없었습니다. 상급학교에 진학하지 못하는 청소년들을 위해 직업교육 체제를 마련하고, 중고등학교 접근성을 단계적으로 높여 산업화가 요구하는 인력을 순차적으로 공급했습니다. 결국 산업 고도화와 인적자원 고도화를 긴밀히 연계시켜 국민 대다수를 경제성장에 포용했습니다.

핵심은 급속한 경제성장과 함께 광범위한 대중에게 교육 기회와 취업 기회를 활짝 열어준 구조 변화가 동반됐다는 것입니다. 이런 구조적 변화가 동반되지 않은 경제성장이라면 국민 대중의 소득창출 능력이 확대되기 어렵고, 이들은 성장 과정으로부터 소외되기 쉽습니다. 우리나라의 고도성장은 이런 구조 변화를 훌륭하게 이뤄내고 조화시킨 사례로 전 세계의 주목을 받았습니다. '한강의 기적'이라는 성공신화는 바로 이 '사람 중심의 성장'이었던 셈입니다.

두 번째 도약은 IT산업의 발전으로 전 세계 산업지형이 변화할 때 그 흐름에 성공적으로 올라탄 것입니다. 원래 저임금 기반 경공

업으로 산업화를 일으켜 절대빈곤을 탈출한 후에 선진국에 진입하기 위해서는 글로벌 수준의 최첨단 기술력을 보유해야 합니다. 그런데 후발국이 앞에 가는 선진국을 추월하는 것은 매우 어렵기 때문에 도약은 통상 기술지형과 산업지형이 급속하게 변하는 전환기에 발생합니다.

우리나라는 정보통신 중심으로 산업이 재편되던 1990년대와 2000년대 초에 성공적인 전환으로 첨단기술국가 대열에 합류했습니다. 김대중 대통령은 1998년에 손정의와 빌 게이츠를 초청해 외환위기 후 경제재건 방안을 물었습니다. 이들은 초고속인터넷만이 살길이니 그것으로 세계 1등이 되라고 제안했죠. 커다란 기술변화의 흐름이 몰려올 때 그것에 올라타느냐 못 타느냐가 국가의 흥망을 좌우한다는 것이었습니다.

이때 김대중 정부의 IT 투자가 그 충고를 전격 수용한 것도 사실이지만, 사실 우리 정부는 정보 슈퍼하이웨이 정책이 미국에서 막 대두되기 시작한 1990년대 초반에 이미 새로운 경제 질서의 출현을 예민하게 감지하고 종합전략을 추진하고 있었습니다. 스스로의 체질을 업그레이드하기 위해 총력을 다하고 있었다는 뜻입니다. 이때의 노력이 가져온 비약적 발전은 지금 우리가 선진국 대접을 받게 된 바탕입니다.

지금은 또다시 전 세계의 기술지형과 산업지형이 급속히 변화하

죽어가는 옛것을 몰아낼 새것을 이야기하자

는 전환기입니다. '4차 산업혁명 시대'로 불리는 거대한 변화 속에서 어떤 나라는 도약할 것이고, 어떤 나라는 뒤처질 것입니다. 과거 우리가 전환기에 두 번의 도약을 이룬 것은 바로 이 변화의 흐름을 잘 탔기 때문입니다. 정부는 국민을 돌보되, 시장의 흐름을 막지 않으면서 개인이 그 흐름을 탈 수 있도록 일으켜 세우고 준비시켰습니다. 우리 경제는 이제 과거보다 훨씬 더 산업구조도 고도화됐고 규모도 커졌습니다. 국민의 교육수준도 여느 선진국 못지않게 높습니다. 이 말은 곧 이젠 단지 투자를 많이 하거나 노동력을 더 투입해서 발전할 여지가 크지 않다는 뜻입니다. 정부가 강력하게 주도해서 목표를 달성할 수 있는 시대도 아닙니다. 그렇다면 과거의 성공공식에서 탈피해 어떤 판을 새로 짜야 할지를 고민해야 합니다.

달콤한 혁신은 가짜다

인터넷과 빅데이터, AI 같은 기술이 세상을 빠르게 바꿔나가고 있습니다. 일상생활을 비롯해 여러 가지가 달라졌지만, 그중에서도 가장 핵심적인 것은 '누구나 혁신의 주체가 될 수 있다'는 변화가 아닐까 싶습니다. 그리고 그 '누구나'가 일으킨 혁신의 과실이 어마어마하게 클 수 있다는 점도 눈에 띄는 변화입니다. 아이디어가 있어도 대규모의 투자를 받아야 창업을 할 수 있는 시대는 지나간 것 같습니다. 요즘 젊은이들은 공유사무실에서 노트북 1대만 있으면 어엿한 회사를 차리고 잘 키워냅니다. 수많은 정보가 인터넷에 넘쳐나고 이것이 새로운 사업적 구상을 촉발하고 서로 소통하게 하는 것이지요. IT 기반이 튼튼한 것에 힘입어 진입장벽이 대폭 낮아진 것입니다.

특히 코로나 이후의 경제·사회는 다방면에서 더욱 급속한 변화가 일어날 것으로 예상됩니다. 온라인 쇼핑과 배달음식, 온라인 수업, 개인 동선과 접촉에 대한 데이터 추적, 대면과 집합 금지, 재택근무 활성화 등 코로나로 인해 발생한 변화가 상당 정도 지속된다면 우리는 코로나 이전과는 전혀 다른 세상을 살아가야 할 것입니다. 산업구조뿐 아니라 생산방식, 유통방식, 생활방식 역시 대폭 변할 것입니다. 혼인과 장례 같은 문화와 관습도 빠르게 변화하고 있습니다. 게다가 글로벌화는 기본적으로 혁신의 보상을 대폭 확대시킨 반면, 혁신하지 않고 정체하는 것의 비용 역시 증폭시켰습니다.

그렇다면 새로운 기술환경과 사회변화 속에서 새로운 기회와 아이디어들이 어떻게 혁신기업으로, 그리고 일자리로 연결될 수 있

죽어가는 옛것을 몰아낼 새것을 이야기하자

을까요? 사회의 혁신 수용성이 높아져야 가능합니다. 또 그래야 경제 전체가 도약할 수 있거나 최소한 뒤처지지 않을 수 있습니다. 그리고 이를 위해서는 소비자의 새로운 욕구를 반영한 기업이나 생산성을 혁신한 기업의 시장 진입과 경쟁을 촉진하는 것이 무엇보다 중요합니다. 소위 구조 개혁이라 부르는 것이 바로 이것입니다. 구조 개혁이란 말에 겁을 먹는 분도 있지만, 그 요체는 노동시장과 상품·서비스 시장의 경직성을 완화하여 재능과 자본이 활발하게 움직이도록 돕고 경쟁장벽을 없애는 것입니다. 정말 원론적인 이야기입니다.

그리고 이와 함께 정부는 인적자본과 기술기반에 투자하고 사회안전망을 강화해야 합니다. 왜냐하면 변화에 대한 사람들의 두려움을 해소시키는 것이 사회의 혁신 수용성을 높이는 것이기 때문입니다. 물론 안전망에 부지런히 투자한다고 해도, 구조 개혁과 혁신이 진행되는 동안에는 적어도 단기적으로는 불가피하게 고통을 동반할 수밖에 없습니다. 예를 들어 몇 년 전 타다 논쟁에서 보았듯, 새로운 기술과 새로운 사업기회가 출현하면 기존 사업들의 경쟁력을 위축시킵니다. 그러면 기존 사업에 종사해왔던 사람들은 위협을 느낄 수밖에 없고, 만약 일자리 상실로 이어진다면 그들 개인과 가족에게는 말할 수 없는 고통이 되는 것이지요.

때문에 혁신이 달콤하기만 한 것처럼 말하는 것은 거짓입니다. 혁신이란 기존의 익숙함과 결별하고, 경제 내의 군살과 비계를 떼어내는 것입니다. 기업이 망하고, 직장을 잃을 수도 있는 불안정과 고통을 수반합니다. 실패의 위험과 탈락의 고통을 용인해야 혁신이 가능한데, 그 부분을 사회 전체가 받아들이지 못하면 혁신생태계는 조성될 수 없다는 뜻입니다. 고통이 따를 수밖에 없다는 것, 우리 자신을 깎아내는 처절한 과정을 거쳐야 한다는 것을 숨기면서 혁신경제를 말한다면 그 혁신은 '가짜'일 뿐입니다.

당연하게도 이미 시장 안에서 안정적 위치를 차지하고 있는 이들로서는 기득권이 위협받는 것을 쉽게 받아들일 수 없습니다. 그러나 그럴수록 정부는 공명정대하면서도 지혜롭게 미래를 향한 갈등 조정자 역할을 해야 하고, 탈락자를 보살펴 재도전의 기회도 부여해야 합니다. 과거 우리가 성공했듯, 사람에 투자해 준비시키고 사람에게 기회를 주는 것이 최우선입니다. 동시에 예전처럼 정부가 시장을 지도하고 명령해서 약진할 수 있던 시대가 지나갔다는 것을 깨달아야 합니다. 정부는 개인과 시장의 새로운 시도들이 꽃필 수 있도록 사회 전체의 혁신 수용성을 높이는 역할을 하는 데 집중해야 합니다.

죽어가는 옛것을 몰아낼 새것을 이야기하자

글로벌 대전환의 시대, 시대를 읽어야

새로운 흐름이 형성될 때 대전제는 그 흐름을 이용해 소득을 창출하고 일상이 편리해지는 것을 막아서는 안 된다는 것입니다. 이 방향성을 분명히 하면서 혁신이 가져올 수익과 고통분담 방식에 대해 사회적 공감을 끌어내는 것이 전환기의 핵심 도전입니다.

그런데 정치인들이 진영논리에 빠져 자신의 지지층만을 위해 변화의 흐름을 막거나 조작하려 한다면 혁신경제로의 전환은 불가능합니다. 전환기에는 정치공학을 벗어나 흐름을 읽는 지도자가 나라를 분열과 정체에서 탈출시킵니다.

1999년 '슈뢰더-블레어 선언'은 사회의 경직성이 고도에 달했을 때 좌파의 도그마를 자아비판한 통렬한 반성문입니다. 사회안전망을 강화하는 것이 개인의 책임을 면제시키는 것이 아니며, 복지는 개인의 역량을 키워 기회를 거머쥐도록 돕는 것이어야 한다는 '제3의 길'의 비전을 제시했습니다. 진보는 재정지출을 늘리기만 하면 얻어지는 것이라 생각했던 과오를 반성하면서 말입니다. 이런 반성은 '사람의 능력을 키우는 정책'이라는 새로운 흐름을 형성한 중요한 계기가 됐습니다.

우리의 정치토양과 비교해본다면 걱정이 앞섭니다. 문재인 정부 초기 최저임금 대폭인상은 소득주도성장의 핵심 정책으로 우리 경제의 체질을 훼손하고 많은 일자리를 없앤 실패로 꼽힙니다. 정권 초기 문재인 정부는 자신들의 중요한 지지층이자 돌격대 역할을 맡아온 민노총의 청구서 수리를 위해 이를 추진하면서 '임금을 올리면 경제가 성장한다'고 내세웠습니다. 공약 이행 여부를 검토함에 있어 마땅히 따랐어야 할 타당성과 부작용 검토도 없었습니다. 지지층만을 위한 포퓰리즘 정치라는 측면에서 비판받아 마땅한 행태입니다.

그런데 또 한 가지 유감스러운 것은 최저임금 대폭인상이라는 것이 지난 대선 당시 모든 주요 후보의 공통공약이었다는 점입니다. 정치공학적인 고려만 할 뿐, 글로벌 경제의 흐름을 예민하게 감지하고 현실적인 경제정책을 내놓으려는 정치세력이 아무도 없었다는 점은 곱씹어봐야 할 대목입니다. 특히 보수세력까지 그 분위기에 휩쓸려버리니 치열한 논쟁과 견제, 즉 부실한 주장을 여과해야 할 과정 자체가 없었습니다.

기술지형과 산업지형의 대전환기를 성공적으로 살아내기 위해서 우리는 이런 포퓰리즘 정치를 던져버려야 합니다. 기술과 사회가 빠르게 변화할수록 더 참신한 시도들이 많이 이루어지고, 그 일부가 성공하면 미래 일자리를 만드는 산업이 됩니다. 그러니 이것

　　죽어가는 옛것을 몰아낼 새것을 이야기하자

을 찾아내고 만들어내려는 시도를 얼마나 적극적으로 돕는지가 바로 청년의 삶을 응원하는 것이고 우리의 미래를 결정짓는 핵심 역량입니다.

당장의 표 계산만 할 것이 아니라, 정치적 지지층이 반대하더라도, 이를 뚫고 균형 잡힌 소통으로 미래방향을 제시하는 정치세력이 나와야 우리 경제가 살아날 수 있습니다. 미래를 내다보는 실천적인 리더십으로 기술발전에 민감한 제도를 마련하는 지도자가 있어야 합니다. 그리고 모든 정책의 초점은 이미 기득권을 가진 기업이나 노조를 보호하는 것이 아니라, 사람을 보호하고 사람의 능력을 키워 준비시키고 공정한 경쟁을 보장하는 데 맞춰져야 합니다.

그러나 이런 정치세력이 부상하기 위해서는 포퓰리즘 정치가 보상받지 않는 구조가 먼저 따라줘야 합니다. 그렇기 때문에 정치적 동기로 설계된 비합리적 정책을 알아보고, 근거와 책임의 정치를 선택하는 국민의 날카로운 안목이 절실하게 요구됩니다.

9

빚더미 포퓰리즘, 청년 등골 빼먹는 정치

**"의원님,
그 빚 누가 다 갚습니까?"**

지난 3월 국회 상임위에서 추경 규모를 평하던 중이었습니다. 한 의원이 100조 정도는 썼어야 했다는 발언을 호기롭게 했는데, 기획재정부 2차관은 그 의원에게 "의원님, 그 빚 누가 다 갚습니까?"라고 물었습니다. 억눌린 분노를 담은 항의성 질문이었습니다.

저도 그 분노에 공감했습니다. 왜, 어떤 이유로 100조 원의 빚이 필요한지 아무 근거도 대지 않고, 도대체 어떻게 그 정도로 큰 빚을 내야 한다고 아무렇지도 않게 내뱉을 수가 있을까요? 그러한 무책임이 바로 지금 우리의 정치 현실입니다. 코로나19로 힘든 이웃을 돕기 위해 많은 재원이 필요하다는 것은 분명하지만, 아마 앞으로 10년 안에 우리 세대가 갚아야 한다면 그 정도 액수를 비용 추계도 없이 부르지는 않았을 것입니다. 미래 세대로 넘길 빚이니 마음 편하게 부르는 것이지요.

지금 1초에 305만 원씩 나랏빚이 증가하고 있습니다. 국회 예산정책처에 국가채무 시계가 설치된 2013년에는 1초에 118만 원이었습니다. 건국 이래 지난 문재인 정부처럼 방만하게 돈을 쓴 정권은 없었습니다.

저는 공정한 마음자세란, 나에게 대는 잣대를 다른 사람에게도 대는 것이라 생각합니다. 그런데 여기서 '다른 사람'이란 굳이 나와 같은 세대만 한정하는 것이 아닙니다. 지금의 청년과 아이들, 아직 태어나지 않았지만 이 땅에서 살아갈 미래 세대 모두를 포함합니다. 물론 우리 세대 중에도 고단하고 힘든 상황에 처한 사람이 많습니다만, 적어도 지금 우리가 내리는 결정이 다음 세대가 살아갈 세상을 더 힘들게 만들어서는 안 된다는 것이 제가 생각하는 공정입니다. 게다가 세계 최고 속도로 고령화가 진행되고 있는 우리 나라는 다음 세대가 우리보다 훨씬 녹록지 않은 삶을 살게 될 것이 자명합니다.

"경제를 살려서 후손들에게 물려줘야 한다."며 빚을 더 내야 한다고 주장하는 분들이 많습니다. 빚을 좀 늘리더라도 체질이 망가진 경제를 남겨주는 것보다 낫다는 것이지요. 맞는 말씀입니다. 그러나 4년 동안 우리 경제의 체질을 강화하기 위해 당장의 고통을 가져오는 조치는 단 하나도 없었습니다. 멀리 보고 우리 안의 군살을 빼는 개혁을 단행한다면, 그로 인한 고통은 당연히 적극적인 재정지출을 통해 돌봐야 합니다. 그러나 그런 용도의 재정지출은 문재인 정부 동안 없었습니다. 오히려 최저임금 대폭인상처럼 경제의 체질을 망가뜨리는 정책을 초반에 무대포 식으로 사용한 후 그 충격을 재정으로 틀어막은 것이 재정이 무너진 주원인입니다.

즉, 재정을 많이 써서 경제를 살리겠다는 수준의 식견을 가진 이들은 경제정책을 제대로 구사할 턱이 없습니다. 제대로 된 정책가들이라면, 재정을 펑펑 쓰는 것이 경제의 지속가능성에 얼마나 큰 타격을 줄지 잘 이해하고 있기 때문에, 좋은 경제정책과 신중한 재정지출을 설계합니다. '경제를 망가뜨리는 경제정책과 돈을 뿌려 정책실패를 숨기는 재정정책'의 조합으로 문재인 정부는 4년 동안 경제 포퓰리즘의 문을 활짝 열어젖혔습니다. 그 활짝 열린 문으로

죽어가는 옛것을 몰아낼 새것을 이야기하자

내년 대선에서 더 강력한 포퓰리즘이 들어설지, 아니면 이제 그만 그 문을 닫고 선순환으로 들어설지가 관건입니다.

정말 몰라서 그런 건가, 알면서도 거짓말한 건가

세상에 안 갚아도 되는 빚은 없습니다. 우리나라 빚이 건강한 빚이 아니라고 채권자들이 판단한다면 빚쟁이가 몰려오는 상황이 벌어지겠지요. 경제가 건강하면 빚이 많아도 별 문제가 없습니다. 하지만 빚이 별로 많지 않더라도 일시적인 성격이 아니라 만성적이고 반복적인 빚이 빠르게 늘어나고 있다면 이것을 보는 채권자들은 불안해질 수밖에 없습니다. 한마디로 빚을 진 나라의 정부가 재정을 건전하게 운영하려는 의지와 능력이 있느냐, 재정위기를 잘 대응할 능력이 있느냐를 매의 눈으로 살피고 있는 것이지요.

그런데 나랏빚에 관한 한 이번 정부의 배포는 전무후무합니다. 과거 정부가 준수해온 재정규율을 통 크게 무너뜨렸습니다. 코로나19 때문에 어쩔 수 없었다는 말은 하기 어렵습니다. 코로나 동안의 지출에 대해서는 사실 따지고 들 이유가 별로 없지만, 문제는 그 이전부터 통이 너무 컸었다는 것입니다.

코로나19 이전에 짠 2020년 예산에서 재정적자는 -3.6%로, 이후에도 적자를 내는 것으로 계획되었습니다. 우리나라에서 재정 관리를 본격적으로 시작한 1980년대 이래 이렇게 적자 재정을 지속해 국채 비율을 늘리겠다고 미리 계획한 것은 유례없는 일입니다. 코로나19가 시작되기 이전인 2018~2020년 3년 동안 연속으로 예산증가율이 GDP 증가율의 2배를 넘었습니다. 결과적으로 정부 수립 후 70년간 쌓인 국가 부채가 660조 원인데, 문 정부는 집권 기간 동안 그 3분의 2가 넘는 410조 원의 빚을 늘려 놓습니다.

이런 배포는 어디서 나오는 걸까요? 2019년 11월 청와대 대변인은 '곳간에 있는 작물들은 계속 쌓아두라고 있는 게 아니다. 쌓아두기만 하면 썩어버리기 마련이기 때문에 어려울 때 쓰라고 곳간에 재정을 비축해두는 것'이라 말해 많은 이들을 경악하게 만들었습니다. 창고가 빈 지 오래됐고 다음 세대로부터 빚을 잔뜩 당겨온 처지인데 청와대가 이런 논평을 하다니, 정말 몰라서 그런 건가 고의적으로 거짓말한 건가를 분간하기 어려웠습니다.

그런데 이런 우스꽝스러운 말을 굳이 하는 이유는 언제나 정치적 욕심 때문입니다. 국민을 편 갈라 지지층만을 위한 정치를 하는 동원정치가 포퓰리즘이라면, 그것을 선심지출로 무마하는 것이 경

죽어가는 옛것을 몰아낼 새것을 이야기하자

제 포퓰리즘입니다. 물론 다른 선진국에서 이 정도의 포퓰리즘을 노골적으로 추구하는 것은 찾기 어렵습니다. 하지만 모든 정치권력은 재정 건전성을 후순위로 미룰 유인이 강한 것도 사실입니다. 국민을 세금을 '공돈'이라 인식하고 다음 세대는 자신들의 시야 바깥에 있으니까 그렇습니다. 선거를 앞둔 시기에는 이런 욕구가 더 강해집니다. 정권유지를 위해 나랏돈을 편하게 사용하고 싶은 것이지요.

일단 집권을 하고 나면 여당은 보통 자신들이 쥐고 있는 곳간 열쇠를 도깨비방망이처럼 쓰고 싶어 합니다. 곳간을 풀어 국민들의 마음을 사면 정권을 재창출할 수 있다고 기대하기 때문입니다. 그러면서 나랏빚을 걱정하는 사람들에게는 국가재정이 멀쩡하다고 장담합니다. 단골로 사용되는 메뉴가 '우리보다 훨씬 빚이 많은 미국이나 일본도 멀쩡하게 안 망하고 있으니 우리는 걱정할 필요가 없다'는 것입니다. 우리나라가 재정건전성이 OECD 최고수준이라는 것이지요.

그러나 그렇지 않습니다. OECD 국가 전체를 놓고 단순비교하는 것은 적절치 않기 때문입니다. 미국이나 일본이 어마어마한 빚을 지고 있는 것은, 그렇게 해도 죽고 사는 생존의 문제가 발생하지 않기 때문입니다. 기축통화(key currency) 보유국이기 때문이지요. 나랏빚이 감당할 수 있는 정도인지를 판단할 때는 기축통화 보유국인지 아닌지를 먼저 봐야 합니다.

기축통화란 국제거래 결제에 사용되는 통화로 그 수요가 항상 높게 유지되고 가치가 안정적입니다. 그러니 급작스러운 외환위기나 환율충격을 사실상 걱정하지 않아도 됩니다. 사실 미국이나 일본은 국가채무비율이 GDP 대비 각각 109%, 238%인데 비해 우리는 내년쯤 50% 정도에 도달합니다. 이것만 보면 우리가 특이하게 재정이 건전한 것 같지만, 우리처럼 기축통화가 아닌 다른 나라들을 비교해보면 호주 46%, 스웨덴 39%로 우리가 나랏빚이 적은 편이라고 보기도 어렵습니다.

이 문제와 함께 얘기해야 할 가장 큰 걱정거리는 우리의 고령화 속도입니다. 이게 어느 정도냐 하면, 현재 65세 이상 인구 비율은 15%로 5명의 경제활동인구가 노인 1명을 부양하고 있습니다. 5명이 낸 세금으로 고령자 1명에 들어가는 각종 비용을 충당하고 있는 것입니다. 그러나 30년 뒤인 2050년에는 1.3명이 노인 1명을 부양하는 구조가 됩니다. 고령자 한 명에 필요한 지출을 경제활동인구 1명이 모두 충당해야 한다는 뜻입니다. 현재와 같은 지출구조를 유지한다 해도 국가채무는 2050년에 131%까지 증가할 것으로 전망됩니다. 불과 30년 후의 납세자는 어깨가 으스러질 정도의 부담을 져야 하는 것이지요.

죽어가는 옛것을 몰아낼 새것을 이야기하자

그러니 아직은 인구구조가 양호한 우리 세대가 지금 지출도 스스로 충당하지 못하고 빚을 내어 다음 세대로 넘기자는 주장은 정말 후안무치한 주장입니다. 물론 코로나19 같은 재난사태에서는 빚을 내서 충격에 허덕이는 이를 일으켜 세워야 하지만, 비상시를 제외하면, 다음 세대로 부담을 떠넘기는 것을 용인해서는 안 됩니다. 그러나 이상하게도, 진보를 자처하며 공정을 말하는 분들도 다음 세대의 재원을 당겨 써야 한다는 주장을 너무 쉽게 하니 이상한 일입니다.

빚내서 살지 않겠다는
결단이 필요하다

1990년대 초반 EU가 출범하면서 회원국들의 건전재정을 유지하기 위해 채무비율을 60% 이하로 유지할 것을 회원국의 의무로 부과했습니다. 지금 우리 정부는 우리도 EU처럼 60%까지 늘릴 것이라 밝히고 있는데, 사실 이것은 당시의 정신을 잘못 이해한 것이라 할 수 있습니다. 당시 EU는 회원국의 국가채무비율이 60% 수준이었기 때문에 더 이상은 국가채무비율의 증가를 허용하지 않겠다는 정책의지를 60%

한도로 표현한 것이기 때문입니다. 즉, 과거에 쌓인 빚은 당장 어쩔 수 없으니 사정이 되는 대로 갚아나가겠지만, 적어도 앞으로는 빚을 더 늘리지 말자는 것이지요.

빚을 내서, 다음 세대의 자원을 당겨올 것인지는 경제상황에 따라 결정된다기보다 기본적으로 결심의 영역이라는 뜻입니다. 지출이 많이 필요하면 세금을 더 걷을 것이지 뒷세대 어깨에 빚으로 지우지 않겠다는 결단이지요. 어쩔 수 없이 빚을 졌으면 되도록 빨리 흑자 재정으로 갚아나가야 할 일이고요.

안타깝지만, 이런 결심을 누군가가 혼자 하기는 쉽지 않습니다. 정말 양심이 바르고 미래 세대를 배려하는 정치세력이라도 국민 다수의 이해 없이는 "빚내서 살지 맙시다!"라고 공언하기는 쉽지 않습니다. 더구나 다른 정치세력이 모두 사탕발림으로 "빚 좀 내면 어떻습니까? 다음 세대는 또 주어진 상황에서 살아가겠지요."라며 우리 안의 공정한 마음을 가리려 할 때는 더 그렇습니다.

2020년 한 해는 코로나19로 인한 충격을 완화하기 위해 120조 원에 가까운 나랏빚을 냈습니다. 자영업자의 세금을 유예해주기도 했습니다. 그런데 경기가 회복되기 시작함에 따라 올해 상반기에 초과 세수가 들어온 것으로 알려졌습니다. 4월까지 들어온 세수가 예상보다 33조 원 많다고 합니다. 그런데 문 대통령은 이 돈으로 추경을 편성하겠다고 일찌감치 못을 박아버렸습니다. 우리나라 국가재정법에 의하면 초과세수는 우선적으로 빚 갚는 데 써야 한다는 원칙이 있는데도 말입니다.

코로나로 타격 입은 소상공인 지원 등 아직 나갈 돈이 많은데, 벌써부터 대선을 의식해 대다수 국민에게 '위로금'을 뿌린다는 얘기가 돌고 있어 걱정입니다. 코로나19로 타격을 심하게 받은 사람과 비대면 경제 확대로 덕을 본 사람 간의 양극화가 극명하게 나타났습니다. 그런 만큼 무조건적으로 지원금을 뿌릴 것이 아니라 타격 입은 곳을 먼저 잘 돕는 게 중요합니다. 이런 상황에 피해 여부에 상관없이 대다수 국민에게 돈을 뿌리는 것은 선거용이 아니라면 납득하기 어려운 지출 행태입니다. 이쯤 되면 청년세대고 다음 세대고 전혀 신경 쓰지 않고, 선거철 돈 뿌리기에 전념하겠다는 것이 아니고 무엇이겠습니까?

국민의 세금을 쓸 때
고려해야 할 원칙

2020년 전 국민 재난지원금이 지급되고 한우 매출이 급증했다는 뉴스가 나오자 문재인 대통령은 "가슴이 뭉클하다."고 했습니다. 사업체들이 쓰러지고 근로

자들이 일자리를 잃는 코로나19 재난상황 속에서 나락에 떨어진 이들을 돕기 위해 재난지원금을 마련했지만, 코로나19 초반에는 누구를 지원해야 할지 판단할 시스템이 취약했습니다. 그런 이유로 전 국민에게 재난지원금이 지급된 것은 사실 불가피한 측면도 있었습니다. 그러나 어쨌든 다음 세대 돈을 끌어와 잘사는 사람, 못사는 사람 모두에게 한우 사 먹을 돈을 조달하는 결과를 낳은 것입니다. 이에 가슴이 뭉클했다는 대통령의 말에 저는 할 말을 잃었습니다.

문제는 문재인 정권의 이런 조치와 발언들이 훨씬 더 엄청난 규모의 포퓰리즘이 몰려 들어올 문을 열어젖혔다는 것입니다. 대통령 선거가 다가옴에 따라 근자에는 예전과 비교도 할 수 없이 대담한 돈 뿌리기 약속들이 등장하고 있습니다. 기본소득부터 시작해 청년 해외여행비 1,000만 원, 1억 원 적금 통장 등입니다. 이런 공약들에 대해서는 같이 생각해봐야 할 점이 있습니다.

예를 들어, '비진학 청년에 세계여행비 1,000만 원'이라는 제안에 매력을 느끼는 분들이 상당히 많았습니다. 이렇게 특정 그룹에게 현금지원을 하는 것은 그 그룹에게 혜택을 집중하는 것입니다. 그래서 그 혜택을 보는 사람이나 잠재적인 수혜자들이 강하게 찬성합니다. 비진학 청년을 자녀로 둔 부모들이나 비진학 청년들이 여권 대선후보의 1,000만 원 제안에 더 긍정적으로 반응하는 것은

죽어가는 옛것을 몰아낼 새것을 이야기하자

자연스러운 일입니다.

그런데 원칙적인 지출을 위해서는 직접적으로 혜택을 보지 않는 이들이 이를 어떻게 느낄지가 중요합니다. 예를 들어, 아파트 같은 동에 사는 비진학 청년의 세계여행비를 대주기 위해 가구별로 50만 원씩을 내라는 행정명령을 받았다면 어떻게 느끼시겠습니까? 아무리 좋은(?) 마음을 가지려고 해도 '그 돈으로 내가 할 수 있었던 지출만큼, 이웃 젊은이가 해외여행을 가서 느낄 즐거움이 내게 가치가 있을까?', '그 젊은이가 나같이 넉넉지 않은 보통 사람으로부터 지원을 받아야 할 정도로 열심히 사는 어려운 젊은이일까?', '나도 해외여행을 가지 못하고 있는데 왜 남의 여행비까지 대야 하나?' 등을 생각하게 되는 것이 인지상정입니다.

이런 게 바로 국민의 세금을 쓸 때 고려해야 할 원칙입니다. 물론 비진학 젊은이들의 여행경험이 줄 가치를 특별히 높이 평가하는 사람들도 있습니다. 그런 분들은 흔쾌히 상당액을 투척할 용의가 있겠지만, 전체 국민의 세금으로 지출하는 것은 그 돈으로 할 수 있었던 다른 것을 포기하는 것이기 때문에 국민대중이 대체로 수긍할 수 있는지가 중요합니다.

이런 게 세금을 쓸 때의 일반적인 원칙이라면, 수혜를 직접 받을 사람들의 심기만 살피며 지출을 마구 지르는 사람을 '포퓰리스트'라 부릅니다. 이런 정치인은 어찌 봐도 바람직하지 않습니다. 표를 얻는다는 자신의 이득을 위해 다른 모든 원칙을 기꺼이 내버리는 사람들이기 때문입니다.

이런 사람들이 득세한다면, 인구 그룹별로 인기를 끌 만한 지출을 끊임없이 개발해내는 것에 몰두할 뿐, 당장의 인기는 없을지라도 국가의 내일을 위한 중요한 투자는 게을리할 것이 뻔합니다. 아니면 이 돈 저 돈 마구 지출해 국가의 재정을 빠르게 망가뜨리겠지요. 나라가 지속되든 말든 자신의 임기 동안은 티가 많이 나지 않을 공산이 아무래도 높을 테니까요.

좋은 정치를 알아보는
매섭고 뛰어난 안목

현재 일부 정치인들이 제안하는 전 국민 기본소득 역시 그런 측면에서 생각해볼 만합니다. 전 국민 재난지원금을 아예 정기화해버리자는 것인데, 일단 진지하게 고려하기 위해서는 그것이 왜 필요한지, 목적이 무엇인지가 명확해야 할 것입니다.

이것이 복지정책이라면, 사실 여러 가지로 생각해볼 점이 있습니다. 예를 들어, 지난 미국 대통령 선거에서 매달 모든 국민에게

죽어가는 옛것을 몰아낼 새것을 이야기하자

120만 원가량의 기본소득을 지급해야 한다는 공약으로 돌풍을 일으킨 앤드류 양이라는 정치인이 있었습니다. 그는 4차 산업혁명 등으로 일자리가 없어지는 현상에 대한 대책으로 이를 제안했습니다. 우리나라에서 전 국민 기본소득을 적극 주장해온 이재명 경기도지사도 같은 취지의 발언을 여러 번 했습니다. 그런데 '로봇으로 일자리가 없어지는 세상'이 아직 오지 않았고, 근접했다는 근거들도 아직 관찰되지 않기 때문에 이런 논리는 아직 설득력을 갖기 어렵습니다.

반면 '모든 사람이 인간으로서의 존엄을 보장받는 사회'를 목표로 한다면, 그 목표를 위해 가장 효과적인 방식이 무엇인가에 초점을 맞춰 진지한 논의가 계속될 수 있다고 생각합니다. 다만, 이 목적과 '모든 사람에게 같은 액수 지원'은 앞뒤가 맞지 않습니다. 이미 자력으로 버젓한 삶의 질을 누리는 사람들에게까지 왜 동일한 지원이 뿌려져야 하는지에 대해 많은 이들이 의구심을 갖고 있습니다. 앤드류 양이라는 정치가가 올해 뉴욕시장으로 입후보해서는 빈곤층에 한해 지원금을 주겠다는 공약으로 바꿔 내건 것도 이런 이유가 아닐까 싶습니다.

결국 '정책은 필요에 대한 대응인데, 경제적 여유가 있는 분들에게 현금을 지원하는 것은 필요 없는 복지 아니냐?'는 지극히 상식적인 질문에 대해 제대로 된 대답이 있어야 합니다. 보통 이성과 상식으로 이해되지 않는 얘기를 반복하는 것은, 솔직히 말할 수 없는 다른 의도를 숨기려 하기 때문 아닐까요? 전 국민에게 돈을 뿌려 표와 선심을 사고 싶다는 말을 대놓고 할 수 있는 정치가는 없겠지만 그 목적을 숨기고 달콤한 말을 고안해낼 사람은 많습니다.

그러니 그것이 믿을 만한 주장인지를 판가름하는 우리 국민의 관심과 능력이 절실합니다. 사실 이번 정부가 활짝 열어젖힌 포퓰리즘의 문을 닫고 제동을 걸 수 있는 것은 국민들뿐입니다. 정치인들에게 이런 방법을 써도 정치적 이득을 얻을 수 없다는 것을 분명히 깨닫게 하는 것 말고는 이들을 제어할 길이 없기 때문입니다.

사실 좋은 정치가는 국민들이 상황을 똑바로 직시하도록 돕고 공정하고 선한 마음을 고양시키는 역할을 하기 때문에 닭이 먼저냐 계란이 먼저냐의 문제이기도 합니다. 하지만 결국 좋은 정치가를 좌절시키지 않는 것은 그를 알아보는 국민의 매섭고도 뛰어난 안목과 지지뿐입니다. 아무리 나라를 망치고 미래 세대를 등치는 일이라도 표를 얻을 수만 있다면 얼마든지 할 수 있는 정치가들이 사방에 널려 있는 것도 사실이기 때문입니다.

죽어가는 옛것을 몰아낼 새것을 이야기하자

10

고통과 갈등을 품격 있게 끌어안는 법

갈등에 기름을 붓는
이중잣대

한 언론사가 지난 5월에 실시한 여론조사를 보면, '한국은 희망이 없는 헬조선 사회'라는 응답이 전체의 36.9%, 그중 20대는 61.6%였습니다. 전체적으로 수치가 높은 것도 놀랍지만, 50대(26.9%)와 60대(23.3%)의 응답비율을 같이 놓고 비교하면 세대 차도 두드러집니다.

이렇게 대답한 이유를 뜯어보면 이렇습니다. "헬조선 정치가 문제다. 일자리, 부동산 모두 파이를 키울 생각은 안 하고 서로 뜯어먹게만 하는 정치다.", "급격한 최저임금 인상과 무리한 공공기관 정규직 전환 같은 정책이 취업 문을 좁혔다.", "SKY 졸업생도 9급 공무원 시험을 치는 시대인데 이상한 곳에서 균형과 형평을 요구한다." 등입니다.

이들의 불만은 지금의 정치인들이 마치 조선 시대 사림들처럼 구체적인 삶의 고통에서 유리된 채 자기들만의 원칙을 사회에 강제하고 있다는 것입니다. 자신들이 보는 세상에 현실을 뜯어 맞추려다 보니 어려운 상황을 더 어렵게 만드는 정책을 자꾸 만들어낸다는 것이지요. 정확한 지적이긴 한데, 사실 저는 정치권력이 자신들의 정치적 기반인 조직 노동자 그룹의 이해를 구현하기 위해 실패가 뻔히 보이는 최저임금 대폭상승이나 공공기관 정규직 전환 같은 무대포 정책을 들고 나왔으니 정책실패의 죄과가 훨씬 더 크다고 생각합니다. 사실 현실과 동떨어진 이념을 구현하기 위해서였든, 자기편을 챙겨 정치적 자산을 강화하기 위해서였든 국민의 삶을 우선시하지 않는다는 면에서는 똑같이 문제인 셈입니다. 아무리 열심히 일해도 기회조차 없는 지금 젊은 세대의 절규는 누가 들어줍니까? 정치가 지금처럼 이들의 절규를 무시하면, 세대 간 기회의 격차가 세대 간 갈등을 낳을 뿐입니다.

　　죽어가는 옛것을 몰아낼 새것을 이야기하자

다시 부동산을 예로 들어보겠습니다. 부동산으로 쉽사리 돈을 불린 기성세대는 이제 와서 각종 규제를 쏟아냅니다. 정부가 부동산 가격안정을 위한다며 대출규제를 강화했지만 사실 부동산 가격안정이 부동산 정책의 궁극적인 목표는 아닙니다. 가격안정은 집을 마련하려는 이들을 낙담시키지 않기 위한 것인데, 정작 집을 마련하려는 이들을 대출규제로 좌절시키면서 가격만 안정시키는 것은 별 의미가 없습니다. 어느 나라나 내 집을 마련하기 위해 노력하는 이들을 주택정책으로 지원하는 것을 중요시합니다. 그런데 오히려 이들을 주택소유자들과 마찬가지로 한데 묶어 대출규제를 강화하는 것은 젊은 세대의 어려움에 공감하고 그들을 돕는 정책이라 보기 어렵습니다. 바로 이런 정치에 젊은 세대가 분노하는 것입니다. 인터넷 커뮤니티에서는 "집 한 채 가질 길이 없으니 적폐가 되고 싶어도 될 수가 없다.", "뛰어봤자 기울어진 운동장"이라는 자조와 불만이 쏟아지고 있습니다.

1980년대 후반부터 1990년대 초반까지 한국 경제는 매년 10%가 넘는 성장률을 기록해 전 세계의 이목을 집중시켰습니다. 성장률이 그렇게 높다는 것은 좋은 일자리가 많았다는 것이고 자산 가격의 상승 속도도 빨랐다는 뜻입니다. 지금 기성세대들도 과거를 돌아보면 각자의 어려운 경험이 떠오르겠지만, 지금과 같이 기회가 쪼그라든 2% 성장률의 시대는 한 번도 경험해보지 않았습니다. 부모세대만큼의 경제적 안정을 이룰 수 없다는 젊은이들의 낙담은 우리 경제가 발전하고 성장률이 잦아든 과정에서 생긴 어려움입니다. 전부는 아닐지라도 적어도 상당 정도는 불가피했다는 것입니다. 그런데 각 세대가 경험한 세월도 크게 다른 데다, 경제적 기회의 축소는 세대 간의 경제적 가능성에서도 큰 차이를 만들고 있기 때문에 세대 간의 갈등으로 이어지기가 더 쉽습니다. 하나하나 세세하게 돌보는 사려 깊은 정치와 정책만이 이런 갈등을 방지하거나 완화할 수 있습니다.

그런데 이런 갈등에 오히려 기름을 부은 게 '우리는 되고 너희는 안 된다'는 문 정권의 이중잣대입니다. 여권 인사들의 부동산 내로남불 시비와 조국 전 장관 자녀의 입시 비리 의혹 등은 안 그래도 불공정한 시대를 살고 있다는 젊은 세대의 상처를 헤집었습니다. 그런 데다 온갖 의혹이 수면 위로 떠오른 조국 전 장관을 법무부 장관에 임명한 것은 대통령의 뿌리 깊은 '우리 편 의식' 때문이었으니 정치가 갈등을 완화시키기는커녕 오히려 조장한 셈입니다.

아무리 경제가 내리막길에 들어섰다 해도 이렇게까지 심각하게 헬조선화(?) 되어야 했던 것은 아닙니다. 불가피한 상황이 아니었다는 말입니다. 헬조선을 걷어낼 희망 사다리를 심지 못하고, 오히려 둔감하고 이기적인 '내 편 감싸기'로 분노를 더 주입하고 있는 것이 바로 우리의 망가진 정치입니다.

결혼, 출산 어떤 삶을
선택해도 행복하도록

　　　　　　　　　　작년 우리나라 출생아 수
는 27만 명입니다. 20년 전만 해도 64만 명이었습니다. 노동인구
와 내수가 줄어들어 경제가 어려워지고 국가의 장래도 어둡다는
걱정을 많이들 합니다만, 먼 미래로 갈 것 없이 당장 닥친 문제만
해도 큽니다. 양육, 교육, 소비, 주거, 노후로 이어지는 인생 계획에
서 희망을 볼 수 없기 때문에 결혼이나 출산을 회피한다면, 저출생
은 단지 그러한 문제들의 결과만이 아닙니다. 우리 사회의 불행지
표인 셈입니다.

　출생율은 작년 0.84까지 내려왔지만, 정부는 지난 15년간 이것
을 끌어올리려 노력해왔습니다. 먼저 저출생의 원인으로 육아의
어려움과 주거 불안정에 주목했습니다. 그래서 육아 부담을 줄여
주고 신혼부부 주택을 특별공급하는 등의 정책과제에 재정을 투
입해온 것입니다. 어차피 써야 할 돈도 상당 비중 포함돼 있긴 하
지만, 그래도 200조 원에 달하는 재정이 투입됐으니 국가가 이 문
제에 관심이 없었다고 말할 수는 없습니다.

　그러나 우리가 체감하듯이, 이러한 정부의 정책 덕분에 청년들
이 결혼과 출산에 대한 희망을 회복했다는 얘기는 단 한 번도 들은

적이 없습니다. 결혼을 늦추는 만혼 경향이나, 결혼하고도 아이는 싫다는 딩크DINK 선언 모두 금전이나 현물로 혜택을 줘서 바꿀 수 있는 정도의 가벼운 결정들이 아니기 때문입니다.

선진국들의 경험을 보면, 출생율은 점점 떨어지다가 어느 지점에 이르러 반등하는 추세를 보입니다. 어디까지 떨어지느냐, 어느 시점에 반등하느냐가 나라마다 다를 뿐입니다. 통상 여성의 교육수준과 경제활동이 증가하면서 이들이 살아가고자 하는 방식과 전통적 사회규범이 마찰을 일으킬 때 출생율이 떨어집니다. 그러다가 양성 평등적 규범이 사회에 확산되고 일과 육아를 양립하는 것이 수월해지면 반등기로 접어드는 게 통상적인 흐름입니다. 결국 부모들의 인생 계획이 출산으로 틀어지거나 포기되지 않도록 사회 내 다양성을 존중하는 방식으로 각종 제도와 규범이 조정되는 것이 중요하다는 뜻입니다.

그런데 우리나라를 비롯한 동아시아 국가들은 서구 선진국들과 구별되는 특징을 보입니다. 우선 출생율의 반등이 나타나지 않고 있습니다. 아마도 전통사회 규범이 강력해 여성의 교육수준과 경제활동 기회가 확대돼도 사회·문화적 마찰이 상당한 강도로 남아 있기 때문일 것이라 추측됩니다. 젊은 세대가 아무리 결혼은 개인과 개인의 결합이라고 생각해도 부모세대는 그렇지 않기 때문에 여전히 집안과 집안의 결합이 되곤 합니다. 결혼하면 당연히 양가의 일원으로 편입돼야 한다는 인식이 강하니 개인주의적 삶을 바라는 사람은 일단 회피하게 되는 것이지요.

두 번째 특징 역시 중요합니다. 고속성장을 풍미한 후 저성장 기조로 전환되고 자산 축적의 기회가 희소해진 것입니다. 이전 세대만큼의 안정성을 기대하기 힘든 데다 경제성장기의 활력도 느낄 수 없으니 앞으로 모두의 삶이 더 풍요로워질 것이라 기대하기 어려운 것입니다.

한마디로 경제적 삶에 대한 희망도 찾기 어렵고, 세대 간의 시각차를 서로 존중하며 행복한 조화를 이룰 수 있다는 기대도 없습니다. 그러니 기존에 해왔던 틀에 박힌 대책으로는 아무리 많은 돈을 써도 저출생 문제해결에 효과가 나타날 턱이 없습니다.

물론 출산으로 인한 어려움을 완화하는 것은 부모의 고단함을 덜어줘야 한다는 측면에서 중요합니다. 출산휴가, 육아휴직, 재택근무 및 유연근무 제도, 직장 어린이집 및 국공립 어린이집 확대 등이 많은 이들에게 실질적인 혜택을 줄 수 있도록 지원하는 것이 당장의 현안입니다.

그러나 커다란 구조 변화 속에서 자신이 바라는 인생을 살아가기 위해 선택한 결과가 비혼이나 무자녀라면, 이것은 사실 기본적인권의 문제로 인식하는 것이 필요합니다. 현실적 어려움 속에서 이런 삶의 방식을 택한 것인데, 거기다 대고 여성의 출산과 양육책임을 강조하는 것은 옳지도 않고 효과적이지도 않으니까요.

정책의 역할은 개인의 선택 속에서 희망을 찾도록 제도를 개선하고 지원하는 것이어야 합니다. 결혼을 했든 안 했든, 자녀를 갖든 안 갖든, 내가 어떤 선택을 해도 행복할 수 있다는 관점에서 희망을 주는 사회를 만드는 것이 중요합니다.

저출생 역시 헬조선 인식처럼 정치가 그르친 측면이 크다고 생각합니다. 아이를 낳으라는 사회적 압력만 가했지, 실제로 어떤 삶을 선택하든 행복과 희망을 찾을 수 있도록 포용의 정치를 하지 않았기 때문입니다. 열심히 살면 각종 사다리를 한 계단 한 계단 오를 수 있고 따뜻한 공동체 안에서 어려움을 나눌 수 있다는 희망을 보여주는 것이 제대로 된 정치입니다. 경제적 파이를 키워갈 계획과 능력을 국민에게 보여야 하고, 서로 다른 방식의 삶을 살아가는 모든 이를 포용하고 이해하는 다원성의 뿌리도 튼튼히 내려야 합니다.

특히 세대 갈등은 각자가 경험해온 시간과 처지가 달라서 불거지는 문제입니다. 우리처럼 빠른 발전을 경험한 국가일수록 각 세대가 살아온 시간이 크게 다르기 때문에 세대 간의 문화와 인식에

격차가 크고 갈등이 생겨날 소지도 큽니다. 젊은 세대가 부모세대를 이해하기 어렵고, 기성세대가 젊은 세대의 반감을 살 가능성이 높지요. 이런 갈등을 해소하는 것은 '나도 내 경험상 맞다고 생각하지만, 다른 경험을 한 너의 생각과 삶의 방식도 일리가 있을 수 있다'는 포용의 문화를 확산하는 것 말고는 달리 길이 없습니다.

그러니 다양성과 포용성을 직접 보여주는 정치가 개인의 인생에도 얼마나 중요한지 첨언할 필요가 없습니다. 우리 정치의 배타성이 얼마나 시대적 사명을 거스르는 것인지도 다시 확인되는 것이지요. 즉, 우리 시대 최대의 과제인 저출생의 문제는 차라리 출생에 대해 말하는 것을 중지하고, 생활의 정치, 포용의 가치 확산, 다양성 존중 등 지금의 '나만 옳다는 오만과 적대의 정치'를 뜯어고치는 것에서부터 해법을 찾아야 한다고 생각합니다.

이해가 충돌할 때
정치가 해야 할 일

얼마 전 야당 대표가 '정치인 자격시험'을 제안했습니다. "청년 직장인 중 엑셀 못 쓰는 사람이 없다. 정치를 하려면 그 정도 능력은 갖춰야 한다."고 하면서요.

이후 공천 기준에도 반영하겠다니 세대교체 선언으로 받아들여질 만합니다. 이에 대해 많은 논쟁이 벌어졌는데, 저는 논쟁 자체를 반기는 마음입니다.

어떤 논객이 "누구 맘대로 엑셀이 기본능력이라는 것이냐. 다양한 연령대는 다양한 능력을 가지고 있다. 엑셀이 뭐 대단하냐. 종합적인 사고능력과 식견이 더 중요하다."며 반발한 내용에도 공감이 갔습니다.

맞는 말입니다. 무엇이 기본능력인지는 해당 업무의 성격과 목표에 달렸습니다. 선출직 공무원의 직무내용과 목표가 무엇인지에 따라 그가 갖춰야 할 핵심능력이 무엇인지가 결정되는 것이지 무작정 특정 스킬로 과락 여부를 결정할 일은 아닙니다. 이 논객은 정치인의 자질로서 공적인 마음자세, 이웃에 대한 관심과 사랑, 추진력, 이타심, 공복의식, 올바른 국가관, 정책에 대한 비전, 창의적 사고력, 논리력 등을 들었습니다.

저도 이 논쟁이 다소 도발적으로 시작됐다고 생각하며, 지역이나 중앙의 정치인을 어떤 기준으로 평가할 것인지, 직무의 핵심이 무엇이고 그것을 구현하기 위한 역량이 무엇인지에 대해서는 차분히 여러 사람의 의견을 듣고 서로 설득당해야 할 문제라고 생각합니다.

죽어가는 옛것을 몰아낼 새것을 이야기하자

그러나 이 논쟁의 바탕에는 '그럼 왜 이제까지는 이런 논의가 없었느냐. 기성세대는 무슨 능력으로 높은 자리에 올라갈 수 있었냐'라는 항의가 자리하고 있습니다. 그런 불합리성이 현재 우리 사회의 모습이라는 문제의식에 저도 동의합니다.

솔직히 말해, 신입사원을 뽑을 때 몇 가지 소프트웨어 운용능력은 필수적 요소입니다. 이런 능력이 없는 사람은 아예 쳐다보지도 않는다는 뜻입니다. 그런데 고위직의 업무가 이런 작업을 포함하지 않기 때문에 그런 능력을 평가하지 않는 것은 누구라도 이해할 만하지만 문제는 대부분의 경우 '그럼 어떤 능력이 그들의 경쟁력인지' 알 수 없다는 것입니다.

좋은 세월 만나 입사해서 버틴 것만으로 지금의 고임금 고재량 자리에 도달한 것으로 보이는 사람들이 많다는 것이 젊은 세대의 불만입니다. 물론 좀 더 종합적인 직무내용을 젊은이들이 이해하지 못해 오해하는 것일 수도 있고 사실 자질이 뛰어난 고위직도 많습니다만, 우리 사회의 '연공적' 문화를 생각하면 젊은이들이 불공정하다고 느끼는 지점이 어디인지 추측 가능합니다.

문제는 이런 방식을 계속 유지했을 때 우리 사회가 더 발전하거나 경제가 경쟁력을 가질 수 있을 것이라 기대하기 어렵다는 것입니다. 교수 선배 한 분이 관찰한 내용이 인상적입니다. "세상이 너무 빨리 변하고 학문의 내용도 빨리 변하니 예전과 같은 선배 공경도 사라졌다." 전문직에서는 보통 나이가 많다는 이유만으로 선배를 존경하지는 않습니다. 선배가 그간의 경험을 통해 내가 모르는 것을 알기 때문에 자연스러운 공경이 배어 나오는 것이지요. 그런데 세상의 변화 속도가 너무 빨라 새로 습득해야 하는 지식이 급속하게 증가하니 경험치보다는 얼마나 새로운 것을 잘 받아들이는지가 더 중요해졌습니다. 뒤에서 출발한 내가 오히려 선배보다 더 많은 것을 알게 되는 세상이 온 것입니다.

　지금의 젊은 세대는 어릴 때부터 스마트폰을 달고 살아왔고, 정보 흡수력의 측면에서는 단군 이래 최고라 합니다. 당연한 말입니다. IT 기술은 보통 아이디어를 생산하는 기술이라 불립니다. 사람의 창의성이란 다른 사람의 아이디어나 시도에 자극을 받고, 습득된 지식이 다른 지식을 불러들이는 측면이 강하기 때문입니다. 때문에 필립 코건 같은 저널리스트는 인류 경제사를 한마디로 '연결성'의 역사라 요약합니다. 시장경제 태동기 무역의 시작부터 지금의 인터넷까지 '연결성이 확대될수록 인간의 생산성이 증가했다'는 뜻입니다. 물론 사람에 따라 스마트폰 연결성이 높지 않아도 다른 능력이 뛰어나고, 직무에 따라 경륜과 식견이 더 중요하기도 합니다. 그러나 세대 평균으로 보자면, 지금의 젊은 세대가 생산성이 높다는 것을 부정하기 어렵습니다. 단적으로 어떤 사업가라도 완전히 자유롭게 채용할 권한이 주어진다면 보통의 경우 50대보다

　　죽어가는 옛것을 몰아낼 새것을 이야기하자

20~30대를 강하게 선호할 것입니다.

그렇다면 우리 사회가 생산성 높은 젊은 세대에게 얼마나 많은 기회를 주고 있는가의 문제가 제기됩니다. 사실 기회와 보수는 연령이 아니라 각자의 고유 능력에 따른 생산성에 기반해 주어지는 것이 바람직합니다. 이 점을 싫어할 수는 있어도 부정할 수는 없습니다. 빠르게 변화하는 세상에서 기술에 대한 습득력과 적응력이 뛰어난 사람이 능력을 발휘하는 것이 전체 파이를 키우는 길이기 때문입니다. 각 사업장에서도 생산성 높은 사람이 중요한 일을 할 기회를 갖고, 보수도 합리적인 규칙으로 정해지도록 제도를 고쳐 가는 것에 원론적으로 국민 모두가 동의할 것입니다.

그러나 아직 자리를 잡지 못한 이들 중 젊은 세대의 비율이 훨씬 높은 것을 보면, 각 세대가 기회를 공평하게 잡을 수 있는가의 문제는 본질적으로 세대 간의 이해가 부딪치는 부분입니다. 특히 세대 간 기회 격차를 보정하기 위해 제도를 변화시킬 때, 특정 세대가 자신들의 위치를 위협받는 것으로 느낀다면, 그리고 그런 이들이 많다면 변화는 미뤄지거나 기각됩니다.

이렇게 갈등이 내재한 영역일수록, 정치의 역할이 중요해집니다. 가야 할 방향이 분명하다면, 그것이 가능하도록 갈등을 조정하고 모두에게 희망을 주는 역할을 정치가 담당해야 합니다. 이미 자리를 차지한 세대들이 '젊은 세대가 능력을 발휘하게 하도록 내 기득권이 축소돼야 하는 시대가 오고 있구나, 연령으로 기회를 독점하면 안 되겠구나, 나도 내 경쟁력이 뭔지 고민하고 어떻게 더 개발해야 할지 궁리해봐야겠구나' 하는 인식을 가져야 합니다.

기성세대가 새로운 일을 준비할 수 있도록 준비시키는 평생학습 체계에 적극적으로 투자하는 것도 중요합니다. 이런 투자들은 아무도 변화를 두려워하지 않고 능동적으로 그 변화를 활용하도록 도움으로써 사회를 앞으로 나아가게 하기 위한 정치의 역할인 것입니다. 생각의 방식을 바꾸는 것일 수도 있고, 필요한 재원을 마련해 국민들의 적응을 돕는 시스템을 완비하는 것일 수도 있습니다. 이것은 개인의 역량개발을 사회가 지원하도록 국민들을 설득하고 아이디어를 모으는 것이기도 하지만, 한편으로는 사회가 지향해야 할 곳을 뚜렷이 가리키는 것이기도 합니다.

아무도 배제하지
않을 수 있다

단지 생산현장만의 문제가 아닙니다. 우리나라는 고령화가 너무 빠르게 진행되고 있어, 사실

죽어가는 옛것을 몰아낼 새것을 이야기하자

지구상의 어떤 나라도 가보지 않은 길을 가고 있습니다. 철학자 시몬 드 보부아르는 "인간이 그 최후의 15년 내지 20년 동안 한 개의 폐물에 지나지 않는다는 사실은 우리 문명의 좌절이다. 노인은 자기 시대를 잃고, 자기 자신을 잃는다. 노년기에 인간이 계속 한 사람의 인간으로 있기 위해서는 사회는 어떠한 것이어야 하는가"라는 질문을 던졌습니다. 보부아르 스스로가 내린 답은 "노인도 스스로를 변화시켜야 하고, 그의 에너지를 다른 이들에게 돌리고 의미를 추구함으로써 인생의 가치가 유지된다."는 것입니다.

젊은 날과 마찬가지로 노년 역시 타인과의 연결, 사회와의 연결, 자신을 변화시키는 노력이 중요하다는 말에 많은 분들이 공감하실 겁니다. IT 시대에는 더 그렇습니다.

그런데 현재 한국의 스마트폰 보유율은 93.1%로 세계 1위이고 노인도 60% 가까이 스마트폰을 쓰지만, 노인의 절대다수가 제대로 쓰지는 못하고 있다고 합니다. 집에 앉아 스마트폰으로 할인 제품을 싸게 사고, 병원 진료를 예약하고, 송금하고, 먹고 싶은 음식을 문 앞에 배달시켜 먹지 못한다는 뜻입니다.

게다가 노인 중 빈곤인구가 40%를 넘는데도, 디지털을 따라잡지 못한 이들은 민원서류를 떼거나 송금할 때 대면창구를 이용해야 하니 수수료를 부담합니다. 사회로부터 배제되고 경제적으로도 차별받는 일종의 '노인세'인 것입니다.

고령자가 쉽게 인터넷 세상에 접속해 여러 서비스를 활용하게 하는 것은 지금과 같은 세상에서 필수재에 대한 투자라 할 만합니다. 문제는 이것이 개인의 노력만으로 이루기 어려운 목표라는 것입니다. 지자체나 지역 공동체의 IT 활용교육 등으로 사회가 적극적으로 도와야 합니다. 기술적 뒷받침도 필요합니다. 스마트폰의 모든 애플리케이션이 글자를 크게 키울 수 있고, 설치하기 훨씬 쉽게 만드는 것입니다. 고령자의 IT 연결성을 높인다는 뚜렷한 정책 목표 하에서 기술개발과 적용을 촉진하고 지원하는 조치들이 이루어져야 합니다.

그런데 이 모든 것들은 사회적인 재원 재배분을 요구합니다. 우리가 어떤 사회를 바라는지에 따라 재원의 우선순위를 정하는 것이 바로 정치입니다. 노인들이 자신이 살아온 시대적 경험 속에서 자신들이 목소리를 잃지 않는 것, 같은 세대끼리 또는 다른 세대와의 연결 속에서 자신들의 경험과 여유를 나누는 것이 우리가 바라는 노년의 모습이라면, 정치는 그것을 최선을 다해 구현해야 합니다. 1970년대 보부아르는 노인이 폐물 취급당하는 것이 문명의 좌절이라 한탄했지만, 2021년의 좋은 정치는 노인들이 신기술에 올라타 세상을 즐기고 나누는 희망을 줄 수 있습니다.

죽어가는 옛것을 몰아낼 새것을 이야기하자

합리와 공감의
세대

우리가 지금 고민하고 서로 갈등하는 것들은 모두 역사적 맥락 속에 위치합니다. 그 맥락이 무엇인지에 대해서는 다양한 견해가 있겠지만, 지금이 30여 년 전 민주화에 버금가는 대전환의 시기라고 생각하는 분들이 많습니다. 그럴 법도 합니다. 특히 정치 영역에서는 산업화 시대를 밀어내고 자리를 차지한 민주화 세대가 이젠 시대와 불화하고 있는 것이 뚜렷합니다.

'내로남불'과 남 탓으로 일관하면서 틈만 나면 국민을 가르치려 드는 도덕주의자들을 보며, 국민들은 "지금이 도대체 어떤 시대인데…" 하며 혀를 찹니다. 우리가 정치를 포기하지 못하고, 정치인에게 보통 사람만큼의 상식과 합리성이라도 갖추길 원하는 것은 지금의 전환기가 정치의 전환기에 그치지 않기 때문입니다.

고속성장을 구가하던 경제가 내리막길에 들어선 지 한참 됐고, 눈 돌아가는 속도로 변하는 기술은 세대 간의 적응력 차이를 한껏 벌려 놨습니다. 그런 데다 고령화는 전 세계에서 유례없는 속도로 노인을 생산현장 밖에 쏟아놓고 있습니다. 기회를 만나지 못해 능력을 발휘하지 못하는 세대, 지금은 번듯한 모습이지만 변화의 압력에 자리를 내줘야 할까 봐 전전긍긍하는 기성세대, 자기 세대의 목소리를 잃고 세상과의 연결이 끊어진 고령세대…, 모두가 앞이 안 보이고 두렵습니다.

그런데도 사회가 작동되는 각종 규범과 규칙은 예전에 만들어진 상태 그대로 경직돼 있습니다. 그러니 희망이 싹트기는커녕 아무도 행복하지 않고, 미래를 반기지도 않습니다. 이렇게 사회가 변화를 두려워하게 만드는 정치는 생명력을 잃은 정치입니다. 우리나라의 586 정치인들이 변화를 두려워하고 막아서는 것은, 기존의 사회질서를 유지하는 것이 본인들의 정치적 자산을 지킬 수 있는 길이기 때문입니다. 그 기득권을 유지하기 위해 증오와 적대를 재생산하는 패거리 정치가 필요한 것이지요.

이것을 밀어내기 위해서는 합리적인 근거를 가지고 우리의 생활 속 고통을 품격 있게 해결하는 정치, 미래를 적극적으로 수용하고 모든 세대가 그 속에서 기회와 희망을 볼 수 있도록 사회를 재조정하는 정치를 요구해야 합니다. 그게 정치의 본질이니까요.

죽어가는 옛것을 몰아낼 새것을 이야기하자

11

이제 무엇을 해야 하는가

**사람은 안 변해도
정치는 변할 수 있다**

저는 우리 정치가 그간 2가
지 면에서 국민을 호도해왔다고 생각합니다.

첫째는 '네가 죽어야 내가 산다'는 시대착오적인 인식을 강화해
왔습니다. GDP 규모가 세계 10위일 정도로 잘사는 나라에서 입으
로만 상생을 외치며 정작 공존의 가치를 정면으로 부정해온 것입

니다. 이 정부처럼 상대편에게 '적폐'라는 딱지를 붙이는 순간 협력이나 공존의 가능성은 사라지고 적대만 남습니다. 게다가 '너 죽고 나 살자' 논리를 극단으로 몰고 가면 세상만사 합리적으로 행동하기 어렵습니다. 때때로 상대가 옳고 내가 틀리다는 것을 인정할 수 없는 것이지요. 그러니 아전인수, 내로남불, 남 탓이 일상이 될 수밖에 없습니다. 이것은 어제오늘만이 아닌 우리 정치의 고질적 문제였고, 그것을 지켜봐 온 국민이 정치에 대한 신뢰를 저버린 것은 당연한 결과입니다.

두 번째는, 협력이나 공존에 대한 생각 자체가 없으니 전체 파이의 크기를 키울 생각도 하지 못한다는 것입니다. 특히 이번 정부는 서로 가진 것을 빼앗아 다시 나누기만 해도 미래가 보장된다는 망상을 살포했습니다. 우리 안의 문제를 해결하고 역량을 키워 좀 더 생산적인 사회로 나아가지 않으면 서로 나눌 것도 제한된다는 것은 자명합니다. 그러나 마치 누군가의 것을 뺏어 다른 누군가에게 나눠주기만 하면, 또는 세금만 더 걷어 뿌리기만 하면 좋은 시절이 열릴 것처럼 이야기합니다. 어떻게 파이를 키우고 미래를 준비할지는 왜 얘기하지 않을까요? 말로만 포용사회를 외칠 뿐 실상은 막대한 나랏빚으로 미래 세대의 등골을 빼먹는 작당을 해온 것입니다.

이런 정치가 어떻게 국민에게 희망을 줄까요? 우리 안의 야만

죽어가는 옛것을 몰아낼 새것을 이야기하자

을 긍정적 에너지로 전환해 파이를 키우면서 서로를 배려하는 사회로 나아갈 길을 닦지 않으면, 정치가 외면받는 것은 자연스러운 일입니다. 특히 자산도 아직 쌓지 못했고 변화무쌍한 경제환경에서 소득의 흐름도 불안정한 청년들은 더합니다. 기성세대가 만든 질서가 아무런 희망도 줄 수 없는데 정치는 그 구조를 가리기만 하는 현실에서 그 어느 때보다도 세대 갈등이 심화되고 있습니다. 세대 갈등뿐 아니라, 계층 갈등, 젠더 갈등도 마찬가지입니다. 조그만 이슈라도 불거지기만 하면 이를 다독이고 해소하기는커녕 정치가 갈등을 더 키웁니다.

이제는 국민들이 희망을 갖고 살아가기 위해 정치가 어떤 모습이어야 하는지에 대해 같이 생각해봤으면 좋겠습니다. 좋든 싫든 정치는 우리의 삶을 규정합니다. 나라를 운영하고 법을 만드니 도저히 포기할 수 없는 것입니다. 그렇다면 희망을 심는 일을 어디서부터 어떻게 시작해야 할까요?

이 책에서 저는 우리 정치가 무엇을 잘못해왔나를 조목조목 지적하는 데서부터 이야기를 풀어왔습니다. 그리고 저를 포함한 우리 국민 모두가 그러한 잘못을 버젓이 저지르게 놔두거나 못 본 척하거나 때로는 조장하기까지 했다고 진단했습니다. 정치는 국민의 환심을 사 표를 얻기 위해 무엇이든 해왔고 앞으로도 그럴 것이기 때문입니다.

그러니 그런 정치가 한심하고 환멸스러웠다면 그런 마음을 표현하는 것이 정치를 바꾸는 첫 단추입니다. 문제는 "이런 정치 말고 어떤 것?"입니다. 어떤 정치를 바라는지, 정치로부터 무엇을 원하는지 우리의 바람을 뚜렷이 표현하는 것이 정치를 바꾸는 유일한 길입니다. 막말과 권모술수에 의지해 '네가 죽어야 내가 산다'는 저열한 인식을 끊임없이 재생산하며 권력 유지 기술만 발전시켜온 정치세력을 밀어내기 위해서는, 새로운 시대를 언어로 그려내 생기를 불어넣는 것이 첫걸음입니다.

가치를 공유하는 사회, 그것을 구현하는 정치

저는 우리 사회가 어떤 미래를 그리는지, 미래에 어떤 모습으로 살아갔으면 좋겠는지에 대한 공감대를 형성하고 그것을 생활에서 구현하는 것이 정치라고 생각합니다. 국민이 삶에서 직면하는 다양한 문제를 해결해나가는 것을 사명으로 하되, 그것을 해결하는 방식과 방향에 국민이 공유하는 가치가 스며들도록 하는 것이지요. 생활의 정치이자 품격의 정치인 셈입니다.

그럼 품격 없는 정치는 어떤 것일까요? 바로 지금 우리가 보고 있는 정치일 것입니다. 상대를 죽이기 위해 수단과 방법을 가리지 않는 정치, 그러니 일관된 원칙은 존재하지도 존중하지도 않는 정치, 상대에 따라 안면을 바꾸기 일쑤고 자기편만 챙기는 정치, 당장 표에 도움이 안 되는 미래 세대와 사회의 지속가능성에 대해서는 관심 한 톨도 없는 정치, 국민들 삶에 어떤 문제가 불거지면 그제야 그것에 관심을 갖지만 표계산에 따라 임기응변으로 대처하는 정치가 그것입니다. 우리가 살아가며 스스로를 가다듬을 때 기준으로 삼는 원칙이나 다음 세대에게 전달하려고 하는 가치가 실제의 정치와 동떨어져 있다면 그게 좋은 정치일 리가 없습니다.

'품격 있는 정치'가 무엇일까 고심하는 가운데 노르웨이가 떠올랐습니다. 2011년 7월 22일 오후 수도 오슬로의 정부청사에 폭탄테러가 있었습니다. 범인 브레이비크는 1시간 후 오슬로 북서쪽 30km에 위치한 우퇴야섬에서 무차별 총격으로 또다시 학살극을 벌였습니다. 노르웨이의 집권 여당인 노동당 정치캠프에 참석하기 위해 700명이 넘는 청소년이 그 섬에 머물고 있었습니다. 완전히 고립되고 폐쇄된 섬 안에서 범인은 도망치는 사람들을 향해 총격을 퍼붓고 쓰러진 이들에게 확인사살까지 했습니다. 이날의 테러로 77명이 사망했습니다.

노르웨이가 주목받은 것은 이 악랄한 테러 이후 사회의 반응과 처리방식 때문입니다. 수십 명의 동료가 학살된 사건에 대해 한 여성 청년당원은 사건 직후 CNN과의 인터뷰에서 "한 사람이 그렇게 큰 증오를 보일 수 있다면, 우리가 함께 노력해 얼마나 큰 사랑을 보일 수 있을지 생각해보세요."라고 말했습니다. 테러 이틀 뒤에 열렸던 추모식에서 스톨텐베르그 총리는 이 청년당원의 말을 인용하면서 "테러에 대해 우리 사회는 더 큰 민주주의와 더 많은 개방성과 더 많은 인간애로 대응할 것이다."라고 천명했고, 노르웨이 국민 다수는 그것이 자신들이 추구하는 가치라며 공감과 자부심을 표시했습니다. 다음 해에 열린 재판 역시 국제적인 관심을 모았는데, '완전무결할 만큼 공정한 재판'이라 평가를 받았습니다. 범인은 징역형을 선고받아 현재 복역 중입니다.

이 정도의 증오에 이 정도의 절제를 보일 수 있는 사회는 어떤 사회일까요? 이러한 대응이 가능했던 이유는, 이들이 자신들이 추구하는 가치가 무엇인지에 대해 단단한 공감대를 가지고 있기 때문이라 생각합니다. 길에서 노르웨이 국민에게 그들 사회가 공유하는 가치가 무엇인지 질문하면, "민주주의, 생각과 표현의 자유, 개방, 관용, 양성평등과 연대, 적극적 사회참여"를 공통적으로 든다고 합니다. 이런 기반을 사회가 깊이 공유하기 때문에, 인간으로서 받아들이기 힘든 슬픔과 분노가 닥쳤을 때도 놀라울 정도의 일

죽어가는 옛것을 몰아낼 새것을 이야기하자

관성과 절제를 보일 수 있었던 것입니다.

그럼 우리 정치가 지향해야 할 가치는 무엇일까요? 노르웨이 사람들이 추구하는 가치는 우리 마음속의 가치와 같을 수도 있고 다를 수도 있습니다. 사회의 기반이 되는 가치구조는 시대의 산물이기 때문입니다. 한 사회의 가치란 그 사회의 구성원이 그 시대를 살아내기 위한 등불이라는 뜻입니다. 그러니 각 사회가 처한 환경과 살아온 역사가 다르다면 그 사회가 꿈꾸는 보다 나은 사회의 모습 역시 다를 것입니다.

우리 시대의 가치란 누군가에 의해 주어지는 것이 아니라 우리 스스로 우리 안을 들여다보며 찾아내는 것이라 생각합니다. 그리고 정치란 동시대 사람들의 마음속에 자리한 바람을 소통을 통해 끄집어내 공통의 목표로 형상화하고, 제도와 정책을 그에 맞게 조정하고 발전시키는 역할을 해야 합니다.

가치지향과 가치과시

많은 분들이 우리 정치만큼 가치지향적인 정치가 어디 있냐고 반문합니다. 문재인 정부가 끝

없는 개혁을 외치면서 스스로를 도덕성의 화신으로 포장한 것은 '우리는 옳음을 지향하니 비록 성과가 나쁘더라도 우리의 가치를 지지해주십시오'라는 뜻입니다. 그리고 많은 국민들이 지금도 그들을 지지하고 있습니다.

장달중 서울대 명예교수는 우리처럼 타협이 불가능할 정도로 도덕주의가 정치를 좌우하는 나라는 찾기 어렵다는 지적을 한 적이 있습니다. 궤멸이나 적폐청산을 입에 달고 살면서 민주주의 절차를 무시할 정도니까요. 그리고 그렇기 때문에 제도권 밖의 군중 운동이 정치변화를 추동해왔다는 것입니다.

장 교수님의 평가에 저도 깊이 공감합니다. 그러나 '가치지향'과 '포장된 신념'은 구분돼야 한다고 생각합니다. 권력욕을 신념과 도덕으로 포장하는 정치인이 많기 때문입니다. 이런 이들은 애초에 진실이 무엇인지 탐구할 생각도 없고, 신념과 도덕이란 말은 상대를 탄압하는 도구로만 써먹기 일쑤입니다.

그러면 권력 유지를 위해 '가치를 써먹는 사람'과 '가치지향적 사람'을 어떻게 구분할 수 있을까요. 이것에 대해 나름의 답을 내놓은 사람으로 사회학자 막스 베버를 들 수 있습니다. 그는 종교개혁의 아버지 마틴 루터를 인용하며 신념 어린 정치인처럼 보이는 부류를 진짜와 가짜로 구분했습니다. 대학교수였던 마틴 루터는 1517년 가톨릭 교회의 면죄부 판매에 반대하며 95개의 반박문을

죽어가는 옛것을 몰아낼 새것을 이야기하자

비텐베르크 교회 문에 붙였습니다. 원래 논쟁을 시작하기 위한 게시물로 의도했을 뿐이지만, 알려지자마자 교회 권력으로부터의 거센 탄압이 시작됐습니다.

당시 성직자에게 파문은 모든 법적 보호의 테두리 밖으로 내팽개쳐지는 것을 뜻했지만, 1522년 보름스 제국 의회의 청문회에 불려온 루터는 뜻을 굽히지 않아 결국 파문당했습니다. 그때 마틴 루터가 황제 앞에서 했던 말이 "이것이 나의 신념입니다. 나는 다르게 행동할 수 없습니다(Here I stand, I can do no other)."입니다. 막스 베버는 이 장면을 소환하며, 가치를 말하는 것이 신념이 아니라, 가치를 살아내는 것이 신념이라 구별합니다.

만약 정치가 정말 '가치지향적'이라면, 정치인은 자신들이 입에 올리는 가치에 충실하게 살아갈 것입니다. 애초에 '내로남불적' 행태를 보이는 사람들이 '가치지향'일 수는 없는 것이지요. 그러니 우리 정치가 '가치지향적'이라는 인식은 사실상 '가치과시형 도덕주의 정치'로 수정돼야 한다고 생각합니다. 껍데기에만 가치와 신념을 발라놨을 뿐 아무도 정치인이 내적으로 충실한 가치지향적 삶을 살아간다고 신뢰하지는 않습니다. 그러면서도 끊임없이 '우리는 개혁꾼, 저들은 적폐'의 이분법으로 가치 있는 삶에 목말라하는 국민들을 선동해온 것이지요.

그런데 저는 우리 국민들도 어느 정도 이들과 유사하다고 생각합니다. 우리 국민이 정말 가치를 중시했다면 이런 내로남불적 정치인들을 용인하지 않았을 것입니다. 단지 정치인에게 쉽게 속아넘어간다는 의미는 아닙니다. 많은 경우에 우리는 '나는 각종 규범으로부터 예외'라고 생각하는 경향이 있습니다. 다른 사람에게 교양과 도덕을 요구하고 쉽게 단죄하지만, 자신에 대해 같은 잣대를 적용하지 않는 모습을 우리 자신에게서 종종 발견합니다. 나보다 없이 사는 사람을 마음속으로 업신여기거나 교통법규를 어기면서 남들의 위반을 소리 높여 욕하는 모습, 박물관에서 큰 소리로 자녀에게 작품 설명을 해주는 부모들, 우리 아이가 가난한 집 아이보다 좀 더 부유한 집 아이들과 교류했으면 하는 마음들은 상생, 배려, 사람에 대한 예의와 같은 가치가 우리 삶에 체화된 정도가 낮기 때문에 생겨난다고 생각합니다.

또한 나 자신에게도 적용될 규범이라 생각한다면, 우리 사회는 훨씬 더 신중하게 법과 규범을 만들고, 다른 사람에게 잣대를 들이댈 때도 관용적인 태도를 보일 것입니다. 예를 들어, 작년에 통과된 임대차법의 경우에도 정치인들은 자신도 지키지 못할 내용을 국민에게 강제했습니다. '내가 안 할 일은 남도 안 할 것이다'라는 황금률을 무시하는 것은 '나는 예외'라는 인식이 뿌리 깊기 때문입니다. 정글과 같은 약육강식의 논리가 사회를 지배했고, 무슨 수를

죽어가는 옛것을 몰아낼 새것을 이야기하자

써서든 각자도생의 능력만으로 험한 세월을 살아냈던 집단 기억에서 아직 벗어나지 못한 것입니다. 그러나 우리가 지금보다 더 아름답고 합리적인 사회를 바란다면, 이 만연한 내로남불의 풍토에서 '바로 나부터' 벗어나야 합니다.

지난 4월 재보궐 선거 중 저는 지원 유세를 해달라는 요청을 받았습니다. 서울 전역은 물론 부산까지 다녀왔는데, 다음은 해운대에서 있었던 유세의 일부입니다.

"부산 선거 판세는 이미 우리 당으로 기울었다고 알고 있습니다. 크게 이길 선거인 줄 알면서도 여기까지 온 것은 부산 시민께 드리고 싶은 말이 있어서입니다. 우리 정치는 지금 진흙탕 정치라 할 만큼 혐오감을 주는 정치입니다. 이 진흙탕의 너머로 어떻게 건너갈 수 있을까요? 저는 지금 당선이 확실시되는 박형준 후보가 당선되고 난 후, 부산 시민 여러분이 어떻게 하시는지에 달려 있다고 생각합니다. 여러분도 박형준 시장이 당선된 후에는 '우리 주니 하고 싶은 거 다 해'라며 무조건 편드시겠습니까? 우리가 만든 시장을 비판하는 목소리가 들리면 좌표 찍고 몰려가 욕하고 협박해 입을 닫게 하시겠습니까? 그러지 말아주십시오. 우리는 뭘 해도 옳고 너희는 뭘 해도 틀렸다는 진영논리와 내로남불의 정치를 먼저 깨주십시오. 그게 우리 정치의 희망을 얘기하는 시작입니다."

'상대방만큼이나 우리 지지자들 역시 내로남불의 주술에서 자유롭지 않으며, 우리 스스로가 그것을 인지하고 극복하는 것이 새로운 정치의 시작'이라는 제 말에 많은 분들이 호응하는 것을 보며 저는 변화의 가능성을 느낄 수 있었습니다.

책임정치의 조건

1917년 뮌헨에서 있었던 막스 베버의 강연 '소명으로서의 정치'는 정치사에서 큰 영향력을 남긴 사건이자 내용입니다. 낭만적으로 신념을 외치기만 하는 것이 아니라, 가치를 추구하되 그 목적이 좋은 결과로 귀결돼야 애초의 의도가 좋은 것으로 인정받을 수 있다는 책임윤리가 강조됐습니다. 의도를 강조하면서 '결과는 내 손을 떠났다'는 태도는 종교인이나 보일 법한 자세이고, 정치인은 응당 '결과'와 '결과에 이르는 길'이 중요하다는 것이지요. '임대차법은 의도가 좋으니 무조건 졸속으로 통과시키고, 결과가 나쁘면 그건 남 탓을 하면 되고'와 같은 태도로 어떻게 국민에게 희망을 주고 신뢰를 받겠습니까?

베버가 생각한 '책임정치의 조건'은 자신들의 결정이 가져올 효

죽어가는 옛것을 몰아낼 새것을 이야기하자

과에 대한 객관적 이해를 토대로 그 결과에 대해 책임지는 태도, 그것을 냉정하게 이해하고 받아들이는 균형 잡힌 능력입니다. 한마디로 신념에 기반한 열정만 가져서는 안 되고, 능력과 책임감이 있어야 정치를 제대로 할 수 있다는 것이지요.

구구절절 맞는 말이긴 하지만, 저는 이것이 정치인 개인의 원칙에 그쳐서는 안 된다고 생각합니다. 우리 국민이 정치에 이것을 요구하고, 정치를 이렇게 바꾸어야 합니다. 그것만이 우리 사회에 희망을 심을 수 있는 길입니다. 국민을 편 갈라 서로 죽자고 싸우도록 종용하면서 나라를 거덜 낼 사탕발림만 내밀어서는 희망이 생기지 않습니다. 지금과 같은 경제 체질이면 다가올 미래가 밝지 않을 것이 뻔한데, 우리 경제의 창의력을 높이고 파이를 키울 구체적인 구상을 마련하지 않는 정치를 보며 청년들이 어떻게 희망을 갖겠습니까? 어떤 미래가 가능한지 보이고, 그것에 다다르는 계단이 보여야 앞으로의 인생이 어떤 모양인지 가늠이 되고 희망이 생기는 것이지요.

앞에서 말했듯이, 사회 안에 존재하는 갈등들을 덮어놓는다고 국민이 통합되는 것이 아닙니다. 현재 어떤 갈등이 어떤 구조로 형성돼 있는지 뚜렷이 언어로 밝히고 그것을 어떤 원칙으로 조율하고 타협시킬지를 말하는 것이 통합으로 가는 길입니다. 미래 담론 역시 마찬가지입니다. 분홍빛 미래를 그리기만 한다고 희망이 불뚝불뚝 솟지 않습니다. 선한 목적을 공유하고 삶을 그렇게 살아갈 수 있는 길을 보여주는 것이 '품격의 정치'입니다.

그러기 위해서는 앞으로 우리 앞에 닥칠 어려움이 무엇인지 솔직하게 펼쳐놓고, 우리 안의 무엇을 고쳐야 어려움을 극복할 수 있을지 공동체를 준비시켜야 합니다. 그것이 바로 베버가 강조한 '책임의 정치'입니다. 근거 없는 낙관으로 국민을 기만하고 그것이 표로 연결되던 시대는 이제 저물고 있습니다. 지금보다 나은 삶을 살 수 있다는 희망을 구체적인 정책을 통해 실어 나르는 좋은 정치를 만들어야 할 때입니다.

공정과 상식, 통합과 연대

정치인이 국민에게 가치를 하달하는 것은 어불성설입니다. 그러나 정치인이든 아니든, 시대를 민감하게 느낀 사람들이 자신이 생각하는 시대의 상처를 국민들 앞에 풀어놓고 같이 생각해보자 권하는 것은 필요하고 바람직한 일이라 생각합니다. 우리 사회가 다음 단계로 건너가기 위해 우리가 공유했으면 하고 제가 바라는 것들을 풀어보려 합니다.

죽어가는 옛것을 몰아낼 새것을 이야기하자

요즘 '공정', '상식', '통합'이라는 말이 가장 많이 들립니다. 우리가 문재인 정부 하에서 잃어버렸고 되찾아야 하는 것의 우선순위라는 뜻입니다. 저도 깊이 공감합니다만 조금 더 깊이 생각해보자는 것이 이 책을 쓴 의도였습니다. 공정, 상식, 통합을 우리가 갈구하게 된 것은 '말도 안 되는 말을 반복하며 국민을 편 가르고 자신들의 정책실패와 내로남불 행태를 덮는 행태'에 신물이 났기 때문입니다. 그리고 그런 행태는 우리 정치의 고질적인 문제인데, 적어도 일부 국민은 이 악순환에서 벗어나길 절실히 원하고 있습니다.

그렇다면, 이런 고질적인 행태의 핵심이 무엇인지를 밝히는 게 중요합니다. 우선 우리 내면의 문제를 들여다볼 필요가 있어 보입니다. 해방 후 자유민주주의를 표방했지만, 이식된 사상에 대한 우리 사회의 이해가 아직 낮고 내면화되지 못했다는 점이 바탕 원인일 수 있습니다. 때문에 상대방을 죽여야 우리가 산다는 '너 죽고 나 살자' 정신이 아직 많은 국민들에게 지지를 받는 것이지요. 그러니 먼저 '자유'와 '민주'에 대해 우리가 함께 생각해보고 우리의 기본 가치로 지켜갈 것인지 솔직하게 공유하는 것이 필요합니다.

'관념적이고 도덕적인 모호한 목표'를 외치며 오류를 절대 인정하지 않는 정치 역시 결국 자유민주주의의 핵심인 '다원성'과 '공존'의 가치가 체화되지 않았기 때문입니다. '너와 내가 다를 수 있지만 다 중요한 목표일 수 있으니, 공통된 분모를 찾아 함께 추구하거나 민주적인 방식으로 어느 것이 우선인지 잘 찾아보자'는 '다원성'이 비집고 들어갈 자리가 마련되지 않은 것입니다.

정치가 이 모양이니 좋은 정책이 나올 수도 없습니다. 우리 편이 좋아할 만한 내용뿐 아니라, 적극적으로 편을 갈라 우리 편을 집결시킬 내용까지 찾아 모으니 정책은 계속 실패하고, 젊은이들은 컴컴한 미래에 희망을 찾기 어렵습니다. 낙방을 반복하더라도 공공기관 입사시험이나 9급 공무원 시험에 꼭 붙어 안정적으로 살겠다, 비트코인으로 자산을 늘리겠다 하는 절박함 앞에서 훈계부터 하는 기성세대를 보면 민망해집니다. 이들에게 미래로 나아가는 계단을 보여주지 못한 것을 먼저 뼈아프게 생각해야 하지 않을까요?

그러니 이제는 국민이 정치인에게 '최선을 다해 구체적이고 좋은 정책을 만들도록' 하기 위해 '근거 중심'이란 가치를 강하게 요구해야 합니다. 우리 정치가 생활의 문제를 해결하는 정치가 되려면 구체적인 내용을 갖춰 검증과 교정이 가능한 제안을 하는 풍토가 절대적으로 필요합니다. 이번 정부 인사들이 각종 개혁과 경제 정책안을 주장할 때 국민들이 느낀 공통된 감정은 '무슨 얘긴지 알아야 찬성이든 반대든 할 것 아닌가'입니다. 일례로, 30년 후에는 탄소배출을 없애겠다는 '2050 넷제로Net zero' 목표는 그것이 가능한지, 어떤 노력을 해야 하고, 어느 정도의 비용이 드는지 일언반

죽어가는 옛것을 몰아낼 새것을 이야기하자

구의 설명 없이 뜬금없이 국민들 앞에 던져졌습니다.

자기들만의 관념에 푹 빠져 듣기 좋은 말의 성찬만 이어진다면 누구의 삶에 개선과 희망을 줄 수 있겠습니까? 구체적인 대안을 제시하고, 현장상황과 시장논리를 고려해 부작용을 대비했는지 점검할 것을 국민이 엄중하게 요구하지 않고서는 우리 정치의 이런 고질병을 뿌리 뽑을 수 없습니다.

특히 '공정'이라는 가치에 대해서는 공동체의 유지와 강화를 위해 깊이 숙고할 때가 되었습니다. 딛고 선 기반이 취약하고 앞날에 대한 불안이 큰 젊은 세대들에게 문재인 정부 인사들의 반칙 행태는 깊은 상처를 주었습니다. 달리 희망이 보이지 않는 사회에 정치가 활력을 불어넣는 것도 중요하지만, 사회의 규범을 바로 세우는 것이 우선이어야 합니다. 반칙과 편법에 기대 지금의 자리에 올라온 이들을 적어도 공직에서 몰아내는 것이 최소한의 조치입니다. 공직을 운영하는 방식은 우리가 이런 사회를 지향한다는 원칙을 보여주어야 하기 때문입니다. 이들이 대통령과 친하다고, 지지층의 팬덤이 공고하다고 용인되는 것은 기댈 데 없는 젊은이들을 더욱 절망시킵니다.

요즘 팽팽하게 진행되는 능력주의 논쟁 역시 어떤 공정을 우리의 가치로 삼을 것인가와 연관지어 생각해보면 다양한 시각과 접할 수 있습니다. 제 SNS 친구인 한 청년은 이렇게 항의했습니다.

"지금의 능력주의는 지금의 기득권층이 만들었다. 기업 채용 과정에서의 대학 줄 세우기, 제도권 교육 내에서 교사들의 태도, 대학을 가야만 한다는 이데올로기 등 살아남기 위해 무한경쟁을 해야만 했었다. 그런데 기성세대는 그런 사회시스템을 만들어놓고 우리가 '그럼 한번 능력대로 해봅시다' 하니 거품 물며 비판한다."

그러나 저는 우리 사회에서 이 청년이 우려하는 것처럼 경쟁 과정의 능력주의를 부정할 사람은 많지 않다고 생각합니다. 우리나라처럼 앞날이 불안정한 경제에서 날로 고령화되는 사회를 유지하기 위해서는 능력 있는 사람이 큰 기회를 활용해 파이를 키워야 한다는 것 자체에 반대할 이는 없기 때문입니다. 단, 경쟁 과정에서의 능력주의를 공정으로 받아들이면서, 더 큰 공정에 대해서도 생각을 모아봤으면 합니다. 공감과 연대 없이는 우리 사회가 합리적인 결정을 하며 유지되기 어려워졌기 때문입니다. 날로 벌어지는 격차 속에서 뒤처지고 절망한 사람이 증가하면 앞을 보고 노력하기보다 서로를 비난하고 깎아내리는 데 집중해 사회의 응집력을 해치게 됩니다.

간혹 성공한 사람들 중에는 '대체 왜 덜 성공한 이웃에게 뭔가를 해줘야 한다고 강제하냐'고 묻는 분들이 많지만, 세상에 누구도 완전히 자기 혼자 힘으로 성장하고 성공한 사람이 없다는 것을 인정

죽어가는 옛것을 몰아낼 새것을 이야기하자

하면 이런 논쟁은 허무해질 뿐입니다. 능력주의를 부정하는 것도 의미 없듯이, 나보다 운이 나빴거나 자질을 타고나지 못한 이들을 돕는 겸손함이 불공정이라 부정하는 것도 의미 없습니다.

더구나 우리가 어떤 가치를 지향해야 하는지 생각해보려는 순간 우리는 동시대 한국인들이 어떤 삶을 살고 있는지에 관심을 가질 수밖에 없습니다. 이들과 타협하고 서로 다른 생각을 조율해가며 살아갈 민주주의를 유지하기 위해서는 이들이 겪는 삶의 고통을 들여다볼 수밖에 없기 때문입니다.

그래서 보다 품격 있고 풍요한 사회로 건너가기 위해 공정의 가치만큼 우리가 굳게 부여잡아야 하는 가치가 '통합과 연대'일 것 같습니다. '개천에서 용이 나지 않는다'는 말이 회자된 지 오래입니다. 어려운 부모 밑에 태어난 아이들이 '아무리 열심히 살아도 우리 부모처럼밖에는 못 살걸'이라 생각하는 사회는 희망이 없습니다. 기회와 희망은 구성원 모두에게 기본적 필수재로 보장돼야 합니다. 게다가 그렇지 못할 경우 사회적 불안이 초래될 뿐 아니라 앞서가는 사람을 끌어내리는 평등을 주장하게 만듭니다. 이런 것이 자연스러운 사회에서는 아무리 자질이 뛰어난 사람도 능력을 맘껏 펼칠 수 없습니다. 그러니 통합과 연대는 모든 구성원을 존중한다는 그 자체로도 중요하지만, 모두가 재능을 발휘해 파이를 키우기 위해서도 불가결합니다.

시민의 탄생,
변화는 시작되었다

　　　　　　　　　　미래에 대한 추측은 언제나 맞아떨어질 보장이 없습니다만, 한 가지 확실한 것은 있습니다. 내가 어떤 사회를 바라고 정치로부터 무엇을 요구할 것인지를 표현하지 않고는 아무것도 바뀌지 않는다는 점입니다. 우리 정치를 바꾸기 위해서는 내가 내 생각을 표현하는 것이 변화의 시작이자 핵심이라는 뜻입니다. 그래서 민주주의 초창기에 정치 제도를 설계한 사람들은 전업으로 정치에 골몰할 대표자의 역할과 함께 자기가 선 자리에서 공동체의 삶에 적극 참여하는 '시민'의 역할을 강조했습니다. 원래 민주주의라는 것이 사회적 갈등을 정당들이 대표해 의회 안에서 조정하는 것인데, 갈등의 양태는 여론을 통해 표출되는 것이니 시민이 여론을 형성하는 지점이 바로 모든 것의 시작이지요.

시민이 역할을 하는 장소인 시민사회도 중요합니다. 원래 시민사회란 국가로부터 구분되는 자율적인 사회영역으로서 사회 구성원이 공유하는 공적 윤리, 즉 공공성을 지향하며 국가를 견제합니다. 그런데 우리나라는 봉건시대를 거친 서구와 달리 공공적 성격의 민간 결사체 전통이 약했고, 국가주도적 발전 과정에서 '국가가

하는 것'만이 '공'이라는 인식이 만연했습니다. 그나마 있었던 것이 권위주의적 정권에 저항하는 시민단체들이었지만, 문재인 정부가 들어서면서 정권의 일원이 돼버렸습니다. 시민단체 활동가들은 사실 국회의원이나 고위공직자의 예비군 풀처럼 활용됐기 때문에 원래의 기능이 무엇인지도 이젠 아무도 기억하지 않습니다. 정치학자 최장집 교수는 이것을 '공론장의 해체'라 평가했습니다.

공론장의 역할이 얼마나 중요한지를 보여주는 일을 최근에 경험했습니다. 지난 6월 국회에서 사회적 경제 기본법 공청회가 열렸습니다. 사회적 경제는 사회적 기업, 협동조합, 마을기업 등으로, 정부와 시장 바깥에서 공동체적 경제활동을 추구하는 영역입니다. 이것이 우리 자본주의의 모습을 보다 다채롭게 하고 사람의 얼굴을 갖도록 보완할 것이라는 데 많은 분들이 공감하고 있습니다. 장애인 고용기업이나 취약계층 고용기업 같은 경우는 더 그렇습니다.

그런데 문제는 발의된 법들이 사회적 경제에서 생산된 상품을 구매하는 것이 '윤리적 소비'라며 '국민의 의무'로 규정했다는 점입니다. 윤리적 소비라는 말은 다른 나라에도 존재하지만, 시민단체나 개인이 마음 맞는 사람들과 함께 열심히 알려 나가는 사회운동 차원일 뿐입니다. 물론 국가가 이를 장려한다는 정책목표를 가질 수도 있지만, 사회적 합의 과정도 없이 느닷없이 이를 법에 넣어 국민에게 윤리가 무엇인지 가르칠 수 있다고 생각하는 것이 저는 무척 경악스러웠습니다.

중세시대가 끝나 종교와 국가가 분리되고 개인이란 존재가 정립된 이후 윤리와 진리, 가치의 영역을 사적이고 내면적인 영역으로 인정하고 국가가 개입하지 않는다는 것은 자유주의의 토대가 되었습니다. 소위 '국가의 자유주의적 중립성'이지요. 설사 대다수 국민이 동의하는 가치를 국가가 정책적 목표로 추구하는 경우에도, 신중한 공감대 형성 과정이 필요하다는 것입니다. 자유가 무엇이고, 민주주의 국가에서 국민의 권리가 무엇인지 국회의원들조차도 깊이 생각해본 적이 없을 정도로 우리 민주주의의 기반이 약하다는 것이 드러난 사건입니다. 이식된 민주주의의 허약함이라 볼 수 있겠지요.

그런데 제가 이런 취지의 글을 SNS에 올렸더니 거기에 매우 흥미로운 댓글 논쟁이 벌어졌습니다. '선한 의도인데 왜 반대하느냐'는 이야기부터 '권력자가 자신이 옳다고 생각하는 바를 법으로 덜컥 만드는 것이 바로 전체주의의 본질'이라는 것까지 활발한 의견 교환이 있었습니다. 이틀 뒤 한 경제신문의 칼럼은 제 글과 SNS상의 논쟁을 인용하며 이 법에 대한 심도 깊은 평가를 담았습니다. 그 시점에 이르러서는 댓글 논쟁의 대립점도 상당 정도 해소됐습

죽어가는 옛것을 몰아낼 새것을 이야기하자

니다. 냉소와 조롱을 던진 분도 있었지만, 저는 적어도 동시대 한국인들이 이 사안에 대해 어떤 의견을 가지고 있는지 서로 알게 되었고, 생각해보지 않은 것들에 대해 생각한 후 자신의 입장을 세운 것은 매우 의미 있는 일이라고 생각합니다. 이것은 개인들이 SNS라는 공론장에 참여해 서로 영향을 주고받은 덕분입니다.

공론장은 민주정치에 필요한 여론이 생성되는 열린 공간을 뜻합니다. 누구나 자기 의견을 표현할 수 있는 장소로서 오프라인의 물리적 공간일 수도 있고, 온라인의 커뮤니티일 수도 있습니다. 생각이 다른 사람들이 의견을 나누는 곳이기 때문에 서로 다름을 인정하는 시민의식이 필요한 곳입니다. 동시에, 다른 의견들을 접하면서 그때그때의 이슈를 둘러싼 다양한 관점과 근거들을 새로 알게 됩니다. 그렇게 자신의 의견을 형성하고, 그런 개인들 의견이 모여 여론이 되고, 그러한 여론은 결국 사회를 변화시키는 동력이 됩니다. 뿐만 아니라 공론장에서의 대화를 통해 우리가 살고 있는 역사적 시기를 이해하고, 각 이슈의 사회적 맥락을 인지할 수 있습니다. 이것 역시 공동체적 연대를 강화시키는 중요한 부분입니다.

반대로 주위에서 무슨 일이 일어나든, '나는 잘 알지도 못하고 내 존재는 사회와 무관해'라고 생각하는 순간 민주주의가 작동하지 않게 됩니다. 국회의원들이 자기가 원하는 것을 국민의 의무라며 법에다 거침없이 집어넣을 수 있는 것은, 우리 사회의 공론장이 취약하기 때문입니다. 시민사회가 약해빠졌으니, 정치인은 시민의 생각이나 평가를 의식조차 하지 않아도 되는 것이지요.

지금 한 시대를 밀어내는 거대한 전환을 어떻게 실현할 것이냐고 누가 묻는다 해도 딱히 거창한 과제를 들이댈 필요가 없다고 생각합니다. 아무리 깊고 넓은 전환이라 해도 국민 개개인이 주도하는 것인데, 그 구체적인 방식이 무엇인지 생각해보면 결국 국민 각자가 자유민주주의의 일원으로서 생각하고 말하면서 생활하는 것입니다. 이게 바로 '시민의 탄생'입니다.

게다가 많은 분들이 이미 느끼고 계시겠지만, 여론의 형성과 정치권과의 소통은 이제 과거와 다른 국면으로 접어들었습니다. 정당의 수직적 위계질서와 신문의 여론 주도라는 전통적 경로가 독점적 지위를 잃어버렸기 때문입니다. SNS와 유튜브 등 1인 미디어가 발달하면서 이젠 개인이 정치에 대해 적극적으로 발언하고 정치인에 영향을 미칠 수 있는 통로가 활성화되었습니다. 정치인들이 예민하게 반응하는 것이 바로 여론인 이상, 시민으로서의 규범을 준수하며, 다양한 형태로 다양한 층위에 형성돼 있는 공론장에 적극 참여하는 것이 바로 모든 변화의 시작입니다.

나쁜 정치 몰아내기

"정치가 삼류라 발전하는
나라의 뒷다리를 잡는다." 이런 개탄은 그간에도 항상 있었습니다.
그러나 근래 몇 년은 그 이전과 완전히 다른 차원의 분노가 끓어오
르고 있습니다. 이번 정부에서 소위 어공(어쩌다 공무원)은 늘공(늘 공
무원)이라는 관료의 견제 없이 하고 싶었던 것을 맘껏 해봤다고 자
평합니다. 과거 정부는 집권세력의 구상을 펼침에 있어 전문관료
들과 협의했고, 그 의견을 중하게 고려했었습니다. 그런데 바야흐
로 정치가 정치의 영역에 주로 머물렀던 시절을 지나, 이제 정치가

정책까지 마음대로 부리기 시작한 것입니다.

수준 낮은 정치가 나라 전체를 지배한 상황에서 우리 앞에 놓인 커다란 도전들을 어떻게 넘을 수 있을까 하는 두려움이 커집니다. 이 책은 그 고민을 담으려고 했습니다. 여의도 생활을 겨우 1년 해 본 제가 정치에 대해 감히 무슨 말을 하느냐고 힐난하시는 분도 있습니다. 맞는 말씀입니다. 빈말로도 제가 정치를 잘 안다고 할 수 없기 때문입니다.

그러나 한 가지 확실한 것은 아는 것이 별로 없기 때문에 더 잘 보이는 것도 많다는 것입니다. 지난 1년간 제가 국민들로부터 가장 많이 들은 말 중 하나는 "입에 뱅뱅 도는 말을 대신해줘서 고맙다. 시원하다."였습니다. 제가 어처구니없다고 느끼는 것들, 제가 분노하는 것들이 보통의 한국인이 생각하고 느끼는 바와 같기 때문이라 생각합니다. 사실 정치만 보통 사람의 눈높이를 못 따라가고 있으니까요. 보통 사람의 눈높이보다 조금 더 위에서 우리가 앞으로 나아갈 길을 제시하고 이끌 수 있는 정치를 언제쯤 만날 수 있을까 싶습니다.

이 책을 쓰면서 제가 가장 놀랐던 것은 저 스스로 민주주의가 무엇인지 제대로 배울 기회가 없었다는 점입니다. 대학 시절 정치학과 과목을 2개 들었지만 당시 유명인이었던 진보 지식인 교수

님께 배운 것에 로크나 밀, 토크빌처럼 민주주의의 기본을 고민한 내용은 전혀 없었습니다. 개인과 국가가 어떤 관계여야 하는지, 민주주의는 어떻게 운영돼야 다수의 폭정을 피할 수 있는지, 민주정치가 제대로 작동하기 위해 개인과 집단이 갖춰야 할 미덕이 무엇인지 등을 깊이 고민해보지 못하고 저 역시 기성세대가 돼버린 것입니다.

'우리 정치가 지금 이 모양인 데는 내 무지도 기여했겠구나' 하는 반성이 들었습니다. 그래도 한 가지 위안을 찾자면, 지금이라도 눈을 부릅뜨고 공부를 한 게 어딘가 싶습니다. 무책임하고 반민주적인 정치인을 용인하지 않고 책임 있는 정치세력을 선택하는 것이 '시민'의 역할이라면, 제 경우는 그런 정치인이 되려고 노력할 일이 남은 셈입니다. 그렇게 각자의 책임과 역할을 분명히 하면서 스스로 변화하는 것이 희망의 정치를 시작하는 길이 아닐까 싶습니다.

시민의 가장 중요한 역할이 책임 있는 정치인을 선택하는 것이라면, 그런 정치인을 어떻게 고를 것이냐가 문제입니다. 국민을 편 갈라 증오를 부추기고, 빚내서 돈을 뿌리면 표를 얻을 수 있다고 믿는 정치인들에게, 그래 봐야 소용없다는 것을 어떻게 깨우쳐줄 수 있을까요? 그 시작은 '우리들의 삶을 나아지게 한 증거를 내놓으라'고 요구하는 것이 아닐까 싶습니다. 정치는 '뜬구름을 잡고 호통을 쳐서 표를 낚아채는 쇼'가 아니라 '좋은 정책을 만드는 것'이어야 하고 좋은 정책이란 우리 삶을 선하고 자유롭고 풍요롭게 만드는 것이니까요. 그럴듯한 말로 정치인이 '표를 달라'면 우리는 '실천과 증거를 내놔야 준다'는 신호를 일관되게 보내야 합니다.

약간 우스운 얘기지만, 책을 쓰는 과정에서 '좋은 정치와 나쁜 정치를 판별하기 위한 점검 리스트'가 제 머릿속에서 정리됐습니다.

01. 경쟁세력의 궤멸을 외치는가.

02. 사람에게 적폐라는 말을 붙이는가.

03. 갈등상황이라는 점 자체를 부정하는가.

04. 대립되는 이해관계 중 일부만 편드는가.

05. 자기편은 잘못해도 감싸는가.

06. 상대방의 의견에 귀를 닫아버리는가.

07. 국가제도를 공격하는가.

08. 전문가집단의 자율적 운영에 간섭하는가.

09. 우리나라가 어떤 잘못을 해도 최고라고 우기는가.

10. 젠더, 세대, 지역 갈등을 증폭시켜 이용하는가.

11. '다름'을 받아들이지 못하고 '틀리다' 하는가.

12. 자기도 안 지킬 일을 정책으로 만드는가.

13. 정책실패에 대해 무엇이 잘못되었다고 밝히고 사과하는가.

14. 국민의 삶을 어떻게 나아지게 할 것인지 정책의 근거를 대는가.

15. 국민을 내려다보며 세상 사는 법을 가르치려 드는가.

16. 다음 세대 돈을 당겨와 쓰는 것에 거리낌이 없는가.

17. 자신이 도덕적이고 개혁적이라 늘 우기는가.

18. 일관된 원칙을 가진 국가로 국제사회에 신뢰를 쌓는가.

19. 우리 안의 고쳐야 할 점이 무엇인지는 쏙 빼놓고 달콤한 미래를 말하는가.

20. 미래에 대한 국민의 두려움을 방치하는가.

세상은 점점 더 치열해지고, 우리가 가진 것은 점점 더 왜소해지고 있습니다. 한 세대에 걸쳐 이룩한 눈부신 성취로 선진국 입구에 도달했지만, 경제의 체질은 타이어 바람 빠지듯 저하되고 있는 데다 세계에서 가장 빠르게 고령화가 진행되고 있어 걱정입니다. 내일에 대한 희망이 없으니 지금의 자원을 어떻게 나눌 것인지에 대한 갈등이 끝도 없이 증폭돼 사람들을 찢어 놓습니다. 그런데도 정치인들은 오히려 이런 갈등을 더 키워 자신들의 지지기반으로 확보하는 데만 골몰합니다. 그러니 우리 안의 문제를 해결해 다시 앞으로 나아가지 않으면 지금을 정점으로 우리 역사는 쇠락의 내리

막을 가게 될 것이 너무나 명확합니다.

나라를 경영하는 사람들이 제대로라면, 밤잠을 제대로 못 잘 정도의 큰 걱정들인 것은 분명하지만, 그렇다고 바늘허리에 실을 매고 뀔 수는 없습니다. 수많은 결정을 지혜롭게 내려야 할 시간에 방향도 원칙도 없이 서로를 미워하게 만든 시간이 아깝긴 하지만, 지금은 앞을 바라보며 그 시간을 완전히 건너가는 것이 최우선입니다.

정치의 배신

2021년 8월 9일 1쇄 발행

지은이 윤희숙
펴낸이 김상현, 최세현 **경영고문** 박시형

책임편집 최세현 **디자인** 박선향
마케팅 이주형, 양근모, 권금숙, 양봉호, 임지윤, 신하은, 유미정
디지털콘텐츠 김명래 **경영지원** 김현우, 문경국
해외기획 우정민, 배혜림
펴낸곳 (주)쌤앤파커스 **출판신고** 2006년 9월 25일 제406-2006-000210호
주소 서울시 마포구 월드컵북로 396 누리꿈스퀘어 비즈니스타워 18층
전화 02-6712-9800 **팩스** 02-6712-9810 **이메일** info@smpk.kr

쌤앤파커스(Sam&Parkers)는 독자 여러분의 책에 관한 아이디어와 원고 투고를 설레는 마음으로 기다리고 있습니다.
책으로 엮기를 원하는 아이디어가 있으신 분은 이메일 book@smpk.kr로 간단한 개요와 취지, 연락처 등을 보내주세요.
머뭇거리지 말고 문을 두드리세요. 길이 열립니다.